Levey
Die Kunst der Entspannung, Konzentration und Meditation

W0189170

HEINRICH HUGENDUBEL VERLAG
IRISIANA

Joel Levey

Die Kunst der Entspannung, Konzentration und Meditation

Hugendubel

Aus dem Englischen von Gabriele Kuby
Die Originalausgabe erschien unter dem Titel
The Fine Arts of Relaxation, Concentration and Meditation
bei Wisdom Publications, London
© Joel Levey 1987

CIP-Titelaufnahme der Deutschen Bibliothek
Levey, Joel:
Die Kunst der Entspannung, Konzentration und Meditation /
Joel Levey. Aus d. Engl. von Gabriele Kuby. – München :
Hugendubel, 1988
(Irisiana)
Einheitsacht.: Relaxation, concentration and meditation ⟨dt.⟩
ISBN 3-88034-385-3

© der deutschsprachigen Ausgabe
Heinrich Hugendubel Verlag, München 1988
Alle Rechte vorbehalten
Umschlaggestaltung: Dieter Zembsch, München
Produktion: Tillmann Roeder, Buchendorf
Satz: Otto Gutfreund, Darmstadt
Druck und Bindung: Wiener Verlag, Himberg
ISBN 3-88034-385-3
Printed in Austria

Inhalt

Vorwort 7
Inneres Gleichgewicht: Die Herausforderung unserer Zeit 9
Zum Umgang mit diesem Buch 14

Teil Eins: ENTSPANNUNG 17
Dynamische Entspannung 18
Anhaltspunkte zur Entwicklung der Entspannungsfähigkeit 21
1. Anspannen – Loslassen 32
2. Fließen und Strömen 34
3. Durchspüren des Körpers 37
4. Körperkarte 39
5. Aktive Imagination 39
6. Die innere Oase 41
7. Regenbogen-Licht-Entspannung 43
8. Symptome der Entspannung 44

Teil Zwei: KONZENTRATION 47
Den Geist sammeln 48
Anhaltspunkte für die Praxis der Konzentration 51
1. Selbst-erinnern 53
2. Ein Mittel gegen Entmutigung 54
3. Zen-Atemübung 55
4. Reinigendes Atmen 57
5. Bauchatmung 58
6. Atmen in neun Schritten 59
7. Die Praxis der Kontemplation 60
8. Sphären des Geistes 62
9. Konzentration auf einen Gegenstand 64
10. Konzentration beim Gehen 65

Teil Drei: MEDITATION 67
Was ist Meditation? 68
Anhaltspunkte für die Praxis der Meditation 72
1. Tun, was man gerne tut 79
2. Lauschen 80
3. Kontinuum 82

4. Innere Beobachtung 84
5. Erforschung der Gedanken 88
6. Küchenyoga 91
7. Bewußtes Essen 92
8. Meditatives Gehen 93
9. Schlafmeditation 94
10. Aufwachen 95
11. Reflexive Meditation 96
12. Entfaltung der Tatkraft 97
13. Zweifache Wirklichkeit 98
14. Die vier Elemente 99
15. Körperliche Leere 100
16. Psychische Massage 103
17. Im Zentrum des Mandalas 104
18. Der Tropfen und das Meer 105
19. Transformation von Gefühlen 107
20. Vergebung 110
21. Erweiterung des Mitgefühls 113
22. Liebevolle Zuwendung 114
23. Die vier Harmoniestifter 118
24. Geben und Nehmen 119
25. Meditation über den Lehrer 121
26. Mutter der Barmherzigkeit 123
27. Sphäre des Lichts 124
28. Mantra: Schutz für den Geist 125
29. Meditation mit dem Partner 129
30. Matrix des Geistes 131

Teil Vier: WEITERE STRATEGIEN ZUR
ENTFALTUNG DER GEISTESKRAFT 133
1. Streßbewältigung 134
2. Anhaltspunkte zur schöpferischen Visualisierung 136
3. Verwandlung von Schmerz 141
4. Einfluß des Atems auf die zwei Gehirnhälften 144
5. Sport: Ein westlicher Yogaweg 146
6. Biofeedback: Technologie für den Geistkörper 153

Anhang: Ergebnisse der Meditationsforschung 161
Danksagung 163
Weiterführende Literatur 165

Vorwort

In seinem schönen kleinen Buch *Die Kunst der Entspannung, Konzentration und Meditation* verdichtet Joel Levey zwei Jahrzehnte Studium, Erfahrung und Lehre in der Kunst der Selbstmeisterung. Er macht deutlich, daß es nicht der Streß als solcher ist, der uns umbringt, sondern unsere Reaktion darauf, und er führt den Lernenden von der einfachen Selbstregulation von Streßreaktionen zu den Höhen der Selbsterkenntnis, zu spirituellem und transpersonalem Bewußtsein. Es ist zu hoffen, daß jeder, der dieses Buch liest, in seinem Leben Platz schaffen wird, um das Wachstumsprogramm, das darin enthalten ist, in die Praxis umzusetzen.

ELMER GREEN
Direktor des
Voluntary Controls Program
Menninger Foundation, USA

Inneres Gleichgewicht
Die Herausforderung unserer Zeit

*»Die größte Revolution in unserer Generation ist die Entdek-
kung, daß Menschen durch den Wandel ihrer inneren Einstellungen die äußeren Aspekte ihres Lebens verändern können.«*

WILLIAM JAMES

Angesichts des ständig wachsenden Tempos des modernen Lebens wird zunehmend mehr erkannt, wie notwendig Entspannung, Konzentration und Meditation für unseren inneren Frieden, unser emotionales Gleichgewicht, unsere Gesundheit und
Leistungsfähigkeit ist. Im allgemeinen achten wir wenig auf unseren Körper und unseren Geist, außer in Extremzuständen
von Lust oder Schmerz. Wir sind so sehr in den äußeren Ablenkungen gefangen, daß wir die ersten, subtilen Warnzeichen
nicht beachten. Nur allzu oft warten wir, bis aus dem Flüstern
der Spannung in unserem Körper, in unseren Beziehungen und
unserer Welt Schmerzensschreie geworden sind, bevor wir uns
darum bemühen, Harmonie und Gleichgewicht wiederherzu-
stellen.

Obwohl unser Körper sich von dem unserer Vorfahren kaum
unterscheidet, hat sich doch die Welt, in der wir leben, drama-
tisch verändert. An einem einzigen Tag müssen wir unter Umständen mehr Informationen verarbeiten und mehr Entscheidungen treffen als unsere Vorfahren innerhalb von Jahren. Es
ist nicht erstaunlich, daß wir uns in dieser Zeit des immer
schnelleren Wandels, der bedrohlichen Weltsituation, der großen persönlichen Probleme, der allgegenwärtigen Angst und
der Vielzahl an Entscheidungen, die uns das tägliche Leben ab-
verlangt, überwältigt und frustriert fühlen, so, als würden wir
etwas Lebenswichtiges versäumen.

Wir haben viele Werkzeuge entwickelt, um unser Leben zu
verbessern, haben Quantensprünge in der technologischen
Entwicklung und der Manipulation der Umwelt vollbracht. Wir
haben gelernt Auto zu fahren, Weltraumfähren zu lenken, die

Energie der Sonne, des Windes und des Wassers zur Stromer-
zeugung zu nutzen, über kurze und sehr weite Strecken zu
kommunizieren. Aber wieviel Zeit und Geld haben wir darauf
verwandt, die Kräfte unserer inneren Welten zu erforschen und
zu meistern? Ist es uns gelungen, eine Welt zu schaffen, in der
wir in Gesundheit, Glück und Harmonie leben können?

»Wir verstehen die Funktionsweise unseres Geistes nicht und machen daher keinen guten Gebrauch von ihm.«

CHARLES TART

Es ist in Wirklichkeit unser Geistkörper, der all diese Instru-
mente schafft und der selbst ein Instrument von unendlichem
Potential darstellt. Aber nur wenige haben auch nur Grund-
kenntnisse in der Pflege und im Stimmen dieses Instruments
erworben. Haben Sie von Ihren Eltern oder Lehrern gelernt,
wie man sich entspannt, konzentriert und meditiert? Haben
sich die Eltern und Lehrer in diesen Künsten geübt, oder auch
nur von ihrem Wert gewußt? Höchstwahrscheinlich nicht.

In einem Zustand der Verarmung hinsichtlich dieser grundlegenden menschlichen Fähigkeiten haben wir heute sehr viel
von den alten Künsten und Wissenschaften des Geistes zu lernen. Viele Menschen in unserer Gesellschaft leiden an streßbe-
dingten Krankheiten und sterben sogar daran, und so ist es na-
heliegend, daß wir nach praktischen Alternativen zu unserem
gegenwärtigen Lebensstil suchen.

Unser Ziel ist es, voll und ganz lebendig zu werden. Sicherlich kann sich jeder an solch kostbare Momente erinnern. Sie
kamen vermutlich völlig unerwartet, inmitten gewöhnlicher
Aktivitäten. Staunende Ergriffenheit bei einem Sonnenuntergang und das Gefühl, plötzlich von Schönheit durchtränkt zu
sein . . . Heilende, heitere Gelassenheit und tiefe Entspannung
am sonnigen Ufer eines Baches . . . mühelos, von ungebrochener Aufmerksamkeit durch eine Arbeit getragen zu werden . . .
das Aufwallen des Gefühls von inniger Zärtlichkeit, Liebe und
Zugehörigkeit, sei es allein in der Natur, oder mit seinem Kind
oder Geliebten in den Armen. Immer wieder gibt es solch magi-
sche Momente, in denen wir das Leben in seiner Fülle erfahren.
Wir sehnen uns danach, solche Augenblicke der Gnade wieder

erleben zu dürfen, aber wissen nicht wie. Zurück bleiben Erinnerungen, flüchtige Einblicke in einen Geisteszustand jenseits der gewohnten, alltäglichen Erfahrung.

Dieses Buch enthält Anleitungen und praktische Übungen, wie man ganz und lebendig werden kann. Richtig angewandt sind diese Methoden äußerst wirksam, um Streß und Spannungen zu lösen, die Natur des Geistes zu verstehen und die Qualität unseres Lebens zu erhöhen. Es ist eine Einführung in die Techniken zur Entfaltung der Geisteskraft, und da es unser Geist ist, der die äußere und innere Welt wahrnimmt, interpretiert und unsere Reaktionsweise wählt, sind diese Fertigkeiten von äußerster Wichtigkeit. Der Einfachheit halber wurden die Techniken in drei Kategorien eingeteilt: Entspannung, Konzentration und Meditation.

Durch die *Kunst der Entspannung* lernen wir, unnötige Spannung wahrzunehmen und zu reduzieren. Indem wir uns von angesammelten Spannungen befreien, erhöhen wir unser Wohlbefinden und unsere Wirkkraft.

Die *Kunst der Konzentration* lehrt uns, die Kraft unseres Geistes zu nutzen, die gewöhnlich zerstreut ist. Wenn es uns gelingt, unseren Geist an den Zügel zu nehmen, dann können wir unsere Aufmerksamkeit ungeteilt auf das konzentrieren, was wir gerade tun. Befreit vom Wirbelwind der Ablenkung und Verwirrung wird der Geist zu einem belastbaren und machtvollen Instrument, mit dem wir in tiefere Sinn- und Verstehensebenen eindringen können.

Die *Kunst der Meditation* offenbart die zahllosen Möglichkeiten, wie wir jede Aktivität dazu nutzen können, unseren Geist zu entwickeln und zu transformieren. Mit entspanntem Körper und unbeirrbarer Konzentration können wir mit Hilfe der Meditationstechniken Zugang zu neuen schöpferischen Möglichkeiten der Selbsterkenntnis und unserer Reaktion auf die Welt finden. Meditation befähigt uns, unsere Negativität zu vermindern und das positive Potential unseres Geistes zu entfalten: Weisheit, Kraft und Liebe.

Ein vierter Abschnitt enthält weitere Ideen und Strategien zur Entfaltung der Geisteskraft.

Entspannung und was darüber hinausgeht

Dieses Buch ist für jeden geschrieben, der daran interessiert ist, Methoden zur Streßbewältigung zu lernen und seine Lebensqualität zu erhöhen. Es ist auch als Handbuch für jene gedacht, die solche Fertigkeiten verstehen und meistern wollen, um sie an andere weiterzugeben. Welche Motivation Sie auch haben mögen, Sie werden feststellen, daß der Schwerpunkt bei der Darstellung der Ideen und Techniken auf ihrer praktischen Anwendung in unserem modernen Leben liegt, ohne daß das Gefühl für die Tiefe und Heiligkeit dieser Künste der inneren geistigen Entfaltung verloren geht. Wägen Sie diese Ideen mit Ihrem Verstand ab, spüren Sie ihrer Bedeutung in Ihrem Herzen nach, und prüfen Sie die Kraft und den praktischen Nutzen dieser Methoden in Ihrer Erfahrung.

Auch wenn Sie mit diesen Übungen anfangen, um Ihre körperlichen Leiden zu heilen, mit Streß fertigzuwerden oder Schmerzen zu lindern, so werden Sie vielleicht entdecken, daß die Wirkung weit über das hinausgeht, was Sie anfangs erstrebt haben. Diese Techniken können sich als wunscherfüllende Zaubersteine entpuppen; richtig und zielgerichtet angewendet, können Sie damit Fähigkeiten in sich wecken, die Sie schon immer haben wollten.

Wenn Sie in erster Linie an körperlicher Entspannung, geistiger Ruhe und Klarheit interessiert sind, so werden Sie viele Techniken finden, die dies bewirken. Wenn Sie die subtilen Mechanismen Ihres Körpers und Geistes erforschen wollen, so wird das Verständnis dafür durch richtiges Üben der Methoden reifen. Und wenn Sie an die Übungen mit Hingabe und dem aufrichtigen Wunsch herangehen, Ihr spirituelles Verstehen zu vertiefen und fähig zu werden, anderen besser zu helfen, so werden Ihnen viele dieser Methoden als Vehikel dienen, den Geist zu transformieren und neue Dimensionen des Verstehens zu erschließen.

»Der Mensch hat das Wissen immer gehabt; er hat gewußt, daß das Leben grundsätzlich gut ist, daß das Universum, die Sterne am Himmel, die Tiere, Pflanzen, Mineralien, die Elemente der Erde nicht feindselig sind, sondern kosmisch mit sinnstiftender Ordnung erfüllt sind.

12

Der Sinn ist die innewohnende Heiligkeit, die Ordnung des Universums. Als der Mensch diese Heiligkeit noch wahrgenommen, ja, sie durch Bescheidenheit und geistige Ausrichtung in das Muster seines Herzens gewebt hat, da hat auch die menschliche Gesellschaft diese Heiligkeit und Ordnung reflektiert, die allen Dingen innewohnt.«

JOSÉ ARGUELLES

Quellen

Dieses Buch enthält in konzentrierter Form mehr als hundert Methoden, die ich während der letzten neunzehn Jahre in meinem persönlichen und beruflichen Leben von Nutzen gefunden habe. Während dieser Zeit hatte ich die Möglichkeit, bei angesehenen Meistern und Forschern auf dem Gebiet der Künste und Wissenschaften des Innern zu studieren und mit ihnen zusammenzuarbeiten. Von diesen außergewöhnlichen Männern und Frauen habe ich viele alte Methoden der geistigen Entwicklung gelernt, die über die Jahrhunderte bewahrt und weitergegeben wurden, um Menschen in der modernen Zeit zu helfen. Durch das heute neuerwachte spirituelle Interesse haben diese Methoden der Entspannung, Konzentration und Meditation den Weg aus Höhlen, Klöstern und entfernten Kulturen ins moderne Leben, ja sogar in Forschungsinstitutionen gefunden. In den letzten Jahren sind viele dieser Methoden wissenschaftlich untersucht worden. Das Ergebnis ist, daß sie wirksame Gegenkräfte zu den epidemischen Streßkrankheiten, zu Angst, Feindseligkeit und existentieller Unsicherheit darstellen, mit denen unsere Welt geplagt ist.

Ich benutze diese Methoden seit vielen Jahren in meiner Arbeit als geistiger Trainer für Hochleistungssportler, als Forscher auf dem Gebiet des menschlichen Bewußtseins, als Biofeedback-Kliniker für psychische und körperliche Selbststeuerung, als Managementberater für Streßbewältigung und Entfaltung von Kreativität, als Universitätslehrer für Psychologie des Bewußtseins, ganzheitliche Gesundheit und Medizin, als Begleiter von Menschen, die mit unheilbaren Krankheiten konfrontiert sind oder mit dem Verlust eines geliebten Menschen fertig werden müssen, und als Lehrer und Freund vieler Menschen, die sich wohler fühlen und ihrem Leben mehr Sinn geben möchten.

Zum Umgang mit diesem Buch

Es gibt tausende von Techniken der Entspannung, Konzentration und Meditation. Jede dient dazu, bestimmte Stärken zu entwickeln und bestimmte Schwächen abzubauen, um das Potential des menschlichen Geistkörpers voll zu entfalten. Für dieses Buch habe ich jene ausgesucht, von denen ich meine, daß sie die breiteste Wirkung haben; daraus kann sich jeder die Methoden auswählen, die seinen Bedürfnissen am besten entsprechen.

Zur Meisterschaft in diesen Techniken gelangt man in drei Stufen: Von Methoden zu lesen oder zu hören, ist der erste Schritt. Über ihre Bedeutung und Anwendbarkeit im täglichen Leben nachzudenken, ist der zweite Schritt. Sich tief in die Erfahrung einer Technik einzulassen, ist der dritte Schritt und der Schlüssel, deren Potenz für das eigene Leben zu erschließen. Erwarten Sie keine unmittelbaren Ergebnisse. Zwar mag sich schnell ein gewisser Erfolg zeigen, der wirkliche Gewinn irgendeiner dieser Methoden stellt sich aber erst allmählich und durch beständiges Üben ein. Wie lange dauert es, eine Technik zu beherrschen? Wie lange würden Sie brauchen, um meisterhaft Cello oder Flöte zu spielen? Der Schlüssel für jeden Lernprozeß liegt in der Tiefe des Engagements und in der Disziplin.

Das Buch hat vier Abschnitte: *Entspannung, Konzentration, Meditation* und *Weitere Strategien zur Entfaltung der Geisteskraft.* Jeder Abschnitt beginnt mit einer Einführung in die grundlegenden Ideen und mit Anhaltspunkten für die Anwendung der einzelnen Methoden, gefolgt von ihrer Beschreibung.

Ich empfehle Ihnen, die Einführung und Anhaltspunkte sorgfältig zu lesen, bevor Sie sich mit den Techniken selbst beschäftigen. Notieren Sie jene, von denen Sie intuitiv meinen, daß sie zu Ihnen passen. Wenn Sie wissen, welche Übungen das sind, dann beginnen Sie mit der Praxis. Lesen Sie die Anweisungen langsam und aufmerksam durch und folgen Sie ihnen Schritt für Schritt, um das Gefühl hinter den Worten zu entdecken. Vielleicht ist es Ihnen eine Hilfe, wenn ein Freund

Sie durch die Übung leitet, oder wenn Sie sich die Anleitung auf eine Kassette sprechen, die Ihnen bei Bedarf zur Verfügung steht. Sie können meine Worte ohne weiteres nach Ihren Bedürfnissen verändern. Wenn Sie mit einer Technik vertraut geworden sind, werden Sie sich selbst im Geist durch die Stufen der Übung führen können, ohne die Anweisungen lesen der hören zu müssen. Allmählich werden Sie auch darauf verzichten können und sich von inneren Bildern oder Gefühlszuständen leiten lassen, anstatt an Worten oder Ideen festzuhalten.

Teil Eins
Entspannung

»Tue alles im Geist des Loslassens.
Erwarte weder Lob noch Gewinn.
Wenn du wenig losläßt, wirst du wenig Frieden haben.
Wenn du viel losläßt, wirst du viel Frieden haben.
Wenn du ganz losläßt, dann wirst du wissen, was Frieden und Freiheit wirklich sind.
Deine Kämpfe mit der Welt werden zu Ende sein.«

ACHAAN CHAH

Dynamische Entspannung

Die Entspannung, die auf den folgenden Seiten beschrieben wird, ist kein passiver, schlaffer oder wirkungsloser Zustand, sondern ein dynamisches Gleichgewicht, ein ständiger Ausgleich zwischen Spannung und Entspannung, der fein auf die Anforderungen des täglichen Lebens abgestimmt ist. Durch Übung werden Sie sofort merken, wann Sie mehr Spannung festhalten als nötig, um einer Situation optimal gerecht zu werden. Wenn Sie lernen, überflüssige Spannung loszulassen, werden Gehirn und Muskeln durch die Zufuhr von Sauerstoff und Nährstoffen vitalisiert; Sie können dann klarer denken, besser entscheiden und handeln.

Die Fähigkeit zur Entspannung ist die Grundlage für Konzentration und Meditation. Sie wissen wahrscheinlich aus Erfahrung, wie schwer es ist, über Ihre Geisteskraft zu verfügen, wenn Ihr Körper angespannt und Ihr Geist von Müdigkeit und Angst umwölkt ist.

Wenn Sie die hier beschriebenen Techniken verstanden haben und üben, dann werden aus den Konflikten und Nöten Ihres Lebens Gelegenheiten, Ihre Fähigkeit zur Entspannung anzuwenden und zu verfeinern. Das erfordert die bewußte Arbeit an folgenden Punkten:

1. Selbstwahrnehmung: Die Fähigkeit, jederzeit zu wissen, was Sie erfahren, empfinden, fühlen, denken etc.
2. Achtung und Freundlichkeit: Aufrichtige und von Herzen kommende Rücksicht auf die Bedürfnisse anderer, so daß Sie jene Wege einschlagen, die zu größerer Harmonie in Ihren geistigen, physischen und persönlichen Beziehungen führen.
3. Freudige Einstimmung in den Prozeß: Eine Haltung der Dankbarkeit und die Bereitschaft, angesichts der unaufhörlichen Herausforderungen des Lebens zu lernen und zu wachsen.
4. Feste Entschlossenheit und Mut: die Bereitschaft, alles zu tun, was nötig ist, um das eigene Potential immer weiter zu verwirklichen und anderen dabei zu helfen, das gleiche zu tun.

Die Fähigkeit zur Entspannung ist die Grundlage für Konzentration und Meditation. Sie ermöglicht es Ihnen, angesammelte Spannungen freizusetzen und sich auf dem Kontinuum von Gesundheit und Leistungsfähigkeit, wie es in der Abbildung dargestellt ist, nach oben zu bewegen. Das ist ein dynamischer Prozeß: manchmal sind wir im Streß gefangen, manchmal können wir einigermaßen mit unseren Spannungen und Ängsten zurechtkommen, und manchmal sind wir voller Energie, ruhig und zuversichtlich, und verfügen über alle nötigen Informationen und Fertigkeiten, um den vielfältigen Anforderungen gerecht zu werden, die das Leben unvermeidlich an uns stellt.

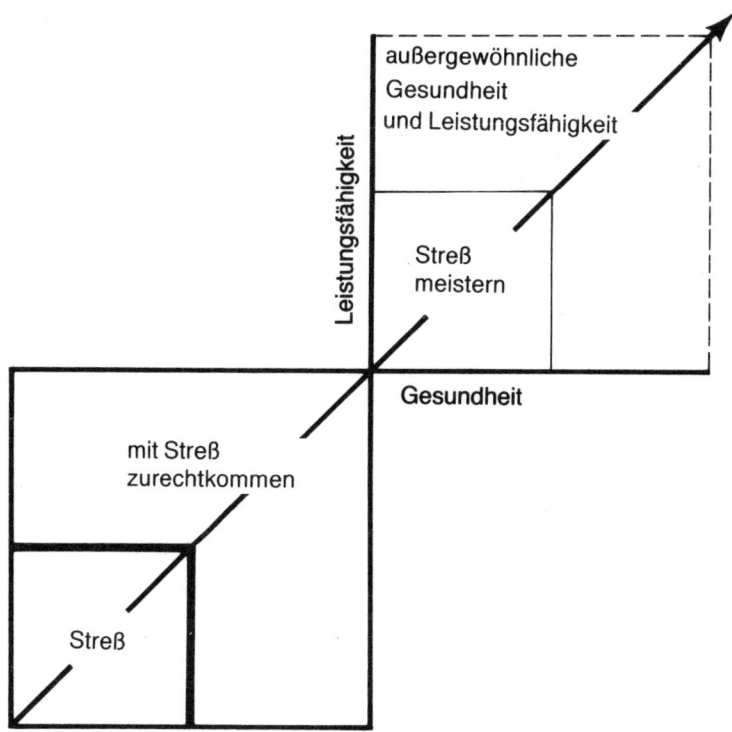

Streß und Spannung werden zwar immer zu Ihrem Leben gehören, aber wenn Sie gelernt haben, sich zu entspannen, dann können Sie damit umgehen. Sie brauchen keine Angst vor der Angst zu haben. Streß wird Ihnen Energie geben, anstatt Sie kaputt zu machen, und Sie werden die Veränderungen und

Herausforderungen des Lebens als Gelegenheiten für Wachstum, schöpferischen Ausdruck und Erkenntnis nutzen können. Je mehr Sie lernen, den ›Lärm‹ in Ihrem System zu reduzieren, um so mehr werden sich in Ihnen Vitalität, geistige Klarheit, Ruhe, konzentrierte Stärke und emotionales Wohlbefinden entfalten.

»Vergiß nicht . . .
Entspannung ist nicht etwas, das du tust.
Es ist eine natürliche Reaktion, die du zuläßt.
Entspannung ist das, was übrig bleibt, wenn du aufhörst,
Spannung zu erzeugen.«

Anhaltspunkte zur Entwicklung der Entspannungsfähigkeit

1. Die Motivation klären

Wenn Sie mit Übungen zur geistigen Entwicklung anfangen, ist es wichtig, daß Sie sich darüber klar werden, warum Sie das tun, und daß Sie sich mit einer positiven Einstellung auf den Lernprozeß einlassen. Sie folgen dabei Ihrer freien Entscheidung und nicht dem Druck von anderen. Denken Sie daran, daß es nicht darauf ankommt, was Sie tun, sondern wie und warum Sie etwas tun.

2. Regelmäßig üben

Sorgen Sie dafür, daß diese Werkzeuge der Entspannung wirklich greifen. Regelmäßiges, konsequentes Üben ist unabdingbar, wenn Ihnen diese Techniken wirklich etwas bringen sollen. Lernt man zum Beispiel Fahrrad fahren, Schießen oder irgendein anderes Körpertraining, dann aktiviert man Muskeln, die man vorher nie gebraucht hat. Ebenso ist es, wenn man lernt, sich zu entspannen: man beansprucht geistige Kräfte, die einem vorher gar nicht bewußt waren.

Vielfach wird empfohlen, morgens und abends zwanzig Minuten zu üben. Das wäre ausgezeichnet. Sie können täglich noch vierzig Minuten dazugewinnen – hier eine, da fünf, wenn Sie die Zeit nutzen, die Sie in einem Geschäft, am Telefon oder an der Ampel warten müssen. Allmählich werden diese Fertigkeiten in Ihren Biocomputer einprogrammiert und sind leicht und verläßlich abrufbar, wann immer nötig.

3. In einer ruhigen Umgebung üben

Am Anfang ist es besser, in einer ruhigen und behaglichen Umgebung zu üben. Das hilft Ihnen, sich auf die körperlichen und geistigen Qualitäten einzustellen, die Sie entwickeln wollen.

Wenn Sie mit Ihrem inneren Steuerungssystem vertraut geworden sind und wissen, wie Sie den gewünschten Zustand erreichen können, dann werden Sie die Übung auch unter streßigeren Bedingungen ausführen können. Die Welt bietet Ihnen ständig Gelegenheiten, Ihre Fähigkeiten auf die Probe zu stellen und zu verfeinern, besonders in unerwarteten Situationen. Wenn Sie in diesen Techniken Meister geworden sind, dann werden Sie vielleicht einmal in einem kritischen Moment, auf den es wirklich ankommt, die Energie, Ausgeglichenheit und Klarheit besitzen, um das Leben eines Menschen – und dazu gehört auch Ihr eigenes – bedeutungsvoll zu beeinflussen.

4. Das Bewußtsein konzentrieren

Zu Beginn jeder Übung ist es hilfreich, eine Konzentrationstechnik anzuwenden, wie die Beobachtung des Atems, die Wiederholung eines Wortes oder eines Satzes, oder die Kontemplation eines inneren Bildes oder einer Eigenschaft. Dadurch wird das Bewußtsein fokussiert und Energie gesammelt, und man vermindert geistige Flatterhaftigkeit und Ablenkung. Wenn sich die Konzentration stabilisiert hat, dann kann sie ohne Abschweifung auf jedes beliebige Objekt oder Ziel gerichtet werden.

5. Sich ohne Anstrengung dem Prozeß überlassen

Entspannung zeichnet sich durch Wachheit, Aufnahmefähigkeit und ruhige Intensität des Bewußtseins aus. Am Anfang besteht die Aufgabe darin, einen feinen Ausgleich zwischen offener, ruhiger Aufmerksamkeit und dem willentlich konzentrierten Bewußtsein zu finden, das etwas zu verändern oder zu erreichen trachtet. Durch Übung und Beachtung des Feedbacks von Körper und Geist lernen Sie, diesen Ausgleich herzustellen.

Die besten Ergebnisse erzielt man, wenn man *Entspannung zuläßt*. Je mehr Sie sich anstrengen, um so verspannter werden Sie. Lassen Sie die Spannungen mit dem Ausatmen abfließen und geben Sie dem sanften Zug der Schwerkraft nach. Der Blick wird weich. Leicht, natürlich und ohne Anstrengung fallen die Spannungen des Geistkörpers von Ihnen ab, die Sie nicht länger brauchen. Ihr Herzschlag und Ihr Kreislauf werden langsamer, und Sie finden Ihren natürlichen Rhythmus.

Wenn Sie ein Mensch sind, der immer aktiv ist und lieber *tut* als *ist*, dann wird Ihnen dieses Vorgehen erst einmal fremd erscheinen. Mit der Zeit werden Sie jedoch eine völlig neue Art der inneren Stärke und Kraft in der Tiefe der Entspannung entdecken. Es macht nichts, wenn Sie die Kontrolle verlieren. Wann immer Sie Ihre Fähigkeit brauchen, durch willentliche Anstrengung etwas zu erreichen, wird Sie Ihnen aus einem ausgeruhten Zustand heraus zur Verfügung stehen. Sie lernen einfach, zwischen zwei Verhaltensweisen wählen zu können und nicht in einer uneffektiven Gewohnheit gefangen zu sein. Ohne diese Wahlmöglichkeit würden Sie sich vielleicht den Rest Ihres Lebens damit abstrampeln, die Kontrolle zu behalten, anstatt sich einfach von der Lebenskraft tragen zu lassen.

6. Aufrecht und entspannt sitzen

Zur Übung dieser Entspannungstechniken ist eine aufrechte, bequeme Haltung empfehlenswert. Es ist wichtig, daß die Wirbelsäule gerade ist. Hinlegen sollte man sich nicht, wenn man dazu neigt, einzuschlafen. Durch Übung werden Sie lernen, den optimalen Ausgleich zwischen Entspannung und Aktivität zu finden, beim Laufen, Reden, Autofahren o. ä.

7. Anfangs durch die Übung führen lassen

Anfangs ist es empfehlenswert, sich von einer anderen Person oder einer Tonbandstimme durch die Übung führen zu lassen, weil es so leichter ist, sich der Erfahrung zu überlassen. Wenn Sie mit den verschiedenen Stufen der Entspannung und den geistigen und körperlichen Reaktionen vertraut geworden sind, dann können Sie willentlich und unter Ihrer eigenen Anleitung in diese Zustände gelangen. Das Gleichgewicht, um das es geht, ist so ähnlich wie wenn Sie Auto fahren und sich gleichzeitig an der Landschaft freuen, oder ein Musikinstrument spielen und von Ihrer eigenen Musik bezaubert sind.

Für die meisten von uns ist das ein ungewohnter Bewußtseinszustand. Mit der Zeit werden Sie Ihr geistiges und körperliches Bewußtsein so ausdehnen, daß Sie sich ohne weiteres selbst durch die Entspannungsübung führen können.

8. Zur rechten Zeit üben

Wenn Sie sich durch morgendliches und abendliches Üben mit den Techniken vertraut gemacht haben, dann werden sie Ihnen zur Verfügung stehen, wann immer Sie diese in Streßsituationen brauchen. Allgemein läßt sich sagen, daß man am besten übt, bevor man geistig und körperlich erschöpft ist und es nicht mit vollem Bauch oder großem Hunger tun sollte.

Wenn Sie warten, bis Ihnen alles über die Hutschnur geht, dann sind Sie vielleicht so erregt, daß Sie sich einfach nicht mehr konzentrieren können. Und wenn Sie warten, bis Sie völlig ausgepumpt sind, oder einen vollen Bauch haben, dann werden Sie wahrscheinlich einschlafen. So wie man in einem lecken Boot nicht vergessen sollte, daß man etwas zum Schöpfen hat, so sollte man mit der Entspannung nicht warten, bis man das Gefühl hat, daß einem die Dinge aus der Hand geglitten sind.

Ihr Körperbewußtsein ist Ihr primäres Instrument. Halten Sie den ganzen Tag über ein Auge darauf und bringen Sie sich immer wieder durch bewußtes Entspannen ins Gleichgewicht.

Wenn es Ihnen schwerfällt, zur Ruhe zu kommen und sich einzustimmen, dann sollten Sie Ihre Entspannungsübungen unmittelbar nach körperlicher Anstrengung oder erhöhter Aktivität machen. Das geistige und körperliche Loslassen ist dann eine natürliche Reaktion. Sie brauchen sich nur von der Welle tragen zu lassen, die von der Aktivierung des sympathischen Nervensystems zur parasympathischen Entspannungsreaktion führt. Machen Sie sich die Stufen, das Gefühl und die Anzeichen von Entspannung nun bewußt, wenn sie besonders deutlich sind.

9. Schwierigkeiten überwinden

Sie werden bei Ihrer Übung unweigerlich auf zwei Hindernisse stoßen – Ablenkung und Schläfrigkeit.

Ablenkung hat zwei Formen: die von außen, wie Lärm, Hitze, Kälte etc., und die von innen, wie körperliche Empfindungen, Schmerzen und Abschweifen. Die beste Strategie in beiden Fällen besteht darin, die Ablenkung in das Bewußtsein hineinzunehmen, ihr dabei möglichst geringen Widerstand entgegenzusetzen und sich nicht mit ihr zu identifizieren. Lassen Sie es einfach zu und halten Sie Ihre Aufmerksamkeit bei dem, was Sie gerade tun. Selbst wenn Ihre Gedanken schon tausendmal abgeschweift sind, holen Sie sie sanft zurück. Erlauben Sie sich keinen inneren Kommentar zu dem Prozeß, machen Sie einfach die Übung. Allmählich wird Ihr unsteter, herumschweifender Geist gesammelt, und Sie werden fähig, Ihre Aufmerksamkeit ganz der vor Ihnen liegenden Aufgabe zu widmen.

Wenn Sie merken, daß Sie schläfrig und Ihre Sinne stumpf werden, dann empfiehlt es sich, die Körperhaltung zu überprüfen und sich, wenn nötig, aufzurichten. Sie können auch einige Male tief durchatmen oder das Gesicht mit kaltem Wasser bespritzen und dann weitermachen. Wenn Sie Ihre Übung draußen machen, dann könnten Sie sich an einen Platz setzen, wo Sie wach bleiben müssen, zum Beispiel an den Rand eines steilen Abhangs.

Vergegenwärtigen Sie sich die Kostbarkeit Ihres Lebens und die Nichtvorhersagbarkeit des Todes. Vielleicht hilft Ihnen das, den festen Entschluß zu fassen, jeden Augenblick so gut wie möglich zu nutzen.

Lassen Sie nicht zu, daß ungezügelte und zwanghafte Gedanken Ihr Leben beherrschen, und warten Sie nicht, bis Sie auf dem Totenbett aufwachen, um festzustellen, daß Sie den größten Teil Ihres Lebens verschlafen haben. *Nehmen Sie Ihr Leben in die Hand! Seien Sie geduldig.*

10. Die richtige Technik auswählen

Wenn wir mit den Entspannungsübungen beginnen, sollten wir uns Klarheit darüber verschaffen, wie wir auf Streß reagieren, um davon frei werden zu können. Da jeder von uns in einer besonderen Weise auf die Streßfaktoren des täglichen Lebens reagiert, sind für verschiedene Menschen unterschiedliche Techniken angebracht, um das psychosomatische Befinden zu verbessern. Wenn Sie zum Beispiel neuromuskuläre Streßsymptome haben wie Muskelziehen und Muskelschmerzen, Kopfweh durch Verspannung, Rückenschmerzen, Spasmen, nervöse Zuckungen oder Müdigkeit, dann sind folgende Methoden angebracht: Alle Arten der Entspannung, insbesondere Anspannen – Loslassen und Fließen und Strömen, Aktive Imagination, Psychische Massage u. a. m.

Wenn Ihre Streßsymptome in erster Linie auf der gedanklichen Ebene liegen, wie Angst, Sorgen, zwanghaft sich wiederholende Gedanken etc., dann empfehlen sich Konzentrations- und Meditationstechniken wie Lauschen, Meditatives Gehen, Innere Beobachtung und Erforschung der Gedanken.

Wenn Sie an Symptomen und Krankheiten des Nervensystems leiden, wie Bluthochdruck, Migräne, Magen-/Darmbeschwerden, schlechtem Kreislauf, übermäßigem Schwitzen, Eßproblemen etc., dann kann Ihnen das konsequente Üben folgender Praktiken von Nutzen sein: Aktive Imagination, Körperliche Leere, Geben und Nehmen, Liebevolle Zuwendung und Vergebung.

Haben Sie einen Hang zu negativen und beunruhigenden Emotionen, wie Ärger, Ungeduld, Schuld, zwanghaftem Begehren etc., dann werden Ihnen Konzentrationstechniken nur vorübergehende Erleichterung verschaffen; Meditationen wie Erforschung der Gedanken, Vergebung, Liebevolle Zuwendung, Erweiterung des Mitgefühls, Geben und Nehmen gehen jedoch an die Wurzel Ihrer emotionalen Probleme.

Menschen, die unter chronischen Schmerzen leiden, werden durch Entspannungstechniken, gefolgt von Psychischer Massage, Meditation zur körperlichen Leere und Strategien zur Transformation von Schmerz Erleichterung erfahren.

Wenn Sie das Gefühl haben, die zahllosen Streßauslöser des Lebens zu meistern, und nun den Wunsch haben, Ihr verborgenes Potential zur Entfaltung zu bringen, dann können Sie in jeder Methode, die in diesem Buch beschrieben ist, Möglichkeiten entdecken, den Horizont Ihres Verstehens zu erweitern, Ihre Leistungsfähigkeit zu erhöhen und die Zuwendung zu Ihren Mitmenschen zu verstärken.

11. Phänomene der Spannungsabfuhr wahrnehmen

Wenn Sie anfangen, sich zu entspannen, dann stellen sich üblicherweise sogenannte Phänomene der Spannungsabfuhr ein.

26

Dazu gehören Zuckungen und Zittern, wie man es vom Einschlafen kennt, Magenknurren, Kribbeln oder Taubheit in manchen Körperteilen, Schwitzen, spontan aufsteigende Erinnerungen, Gefühle oder veränderte Wahrnehmungen. Es ist ganz normal, daß einem bestimmte Erfahrungen in der Entspannung bewußt werden, die man in der Aktivität gar nicht bemerkt. So spürt man auch manchmal nicht, wenn man sich mitten in einem aufregenden Spiel verletzt, und empfindet die Schmerzen erst dann, wenn man zur Ruhe gekommen ist.

Phänomene der Spannungsabfuhr sind Indikatoren dafür, daß sich Ihre geistigen, emotionalen und körperlichen Spannungen aufzulösen beginnen. Am besten geht man mit diesen Erfahrungen – seien sie angenehm oder unangenehm – so um, daß man sie wahrnimmt, ohne sie zu beurteilen. Lassen Sie diese Empfindungen einfach aufkommen, durch Sie hindurchfließen und sich wieder auflösen, ohne daß Ihre Aufmerksamkeit davon in Anspruch genommen wird.

Die meisten von uns kennen die Anzeichen von Streß besser als die der Entspannung. Mit der Zeit werden Sie die subtilen körperlichen, emotionalen und geistigen Zustände erkennen können, welche die fortschreitende Vertiefung der Entspannung und Meditation anzeigen. Allmählich werden sich der angesammelte Streß und die Blockierungen des Energiekreislaufes auflösen, so daß Sie den Herausforderungen des täglichen Lebens wirksamer begegnen können, mit mehr Geduld und Verstehen. Wenn Sie auf der richtigen Spur sind, dann wird ein Seufzer, ein Kribbeln oder das Gefühl strömender Wärme zu einer wohlbekannten Markierung auf dem Spaziergang durch Ihre innere Landschaft.

12. Persönliche Konflikte lösen

Der Erfolg Ihrer Entspannungs- und Meditationspraxis steht in direktem Zusammenhang zur Disziplin, die Sie in Ihren Beziehungen zur Welt walten lassen. Geplagt von Ärger, Angst, Eifersucht, Schuldgefühlen und Sorgen, wie wir das gewöhnlich sind, ist es außerordentlich schwer, die Konzentration und das Verständnis zu entwickeln, die notwendig sind, um unseren

Geist zu beherrschen. Die Konflikte des täglichen Lebens werden uns schmerzhaft ins Bewußtsein treten, sobald wir unsere Aufmerksamkeit in unserer geistigen Praxis nach innen richten. Diese Konflikte zu ignorieren, führt nicht dazu, daß sie verschwinden. Vielmehr werden wir dazu herausgefordert, unser Leben wirklich zu meistern, anstatt ein Sklave unserer geistigen und emotionalen Verwirrung zu bleiben.

Je mehr man sich in seiner Beziehung zur Welt diszipliniert, umso mehr wird die Fähigkeit wachsen, sich zu konzentrieren und den Geist zu sammeln. Gewinnt man so größere geistige Klarheit und Stabilität, wird man durch neues Verstehen und neue Einsicht besseren Zugang zum Leben entdecken. Innere und äußere Disziplin verstärken sich wechselseitig.

13. Kulturelle Konditionierung auflösen

»Der Mensch ist Teil eines Ganzen, das wir ›Universum‹ nennen, ein Teil, der durch Zeit und Raum begrenzt ist. Er erfährt sich selbst, seine Gedanken und Gefühle als vom Rest getrennt: Eine Art optische Täuschung des Bewußtseins. Diese Täuschung ist wie ein Gefängnis, das uns auf unsere persönlichen Wünsche und auf die Zuneigung zu unseren Nächsten beschränkt. Unsere Aufgabe muß es sein, uns aus diesem Gefängnis durch Ausweitung unseres Mitgefühls zu befreien, so daß es alle lebenden Wesen und die ganze Natur in ihrer Schönheit umfaßt.«

ALBERT EINSTEIN

Es hat den Anschein, als würden wir alle an einer ›optischen Täuschung des Bewußtseins‹ leiden. Jeder von uns ist von Geburt an so »hypnotisiert« worden, daß er sowohl innere wie äußere Ereignisse auf sehr beschränkte Weise wahrnimmt und interpretiert. Jede Kultur hat ihre eigene Art der kulturellen Hypnose, die ihre Mitglieder konditioniert, bestimmte Aspekte der Realität anzuerkennen und andere zu ignorieren. Zum Beispiel haben die Eskimos viele verschiedene Worte für Schnee, die Tibetaner kennen mindestens 85 Bewußtseinszustände, und manche Kulturen glauben, daß ihre Traumwelten wirklicher sind als ihre gewöhnlichen Erfahrungen im Wachzustand.

Viele Techniken in diesem Buch sind im Grunde Methoden zur Ent-konditionierung, zur Aufweichung der Grenzen unserer Vorstellungen von dem, wer wir sind, was wir leisten und was in der Welt um uns herum geschieht. Sie können in zwei Kategorien eingeteilt werden: *Konzentrierende* Techniken, die uns helfen, unsere Aufmerksamkeit zu sammeln, und *rezeptive* Techniken, die dazu dienen, sich dem ganzen Spektrum der Welt zu öffnen. Tatsächlich wird uns ein ganzheitliches Bild der Welt gleichzeitig über viele Sender zugespielt, die längste Zeit unseres Lebens haben wir uns jedoch auf einen Sender beschränkt.

In Momenten der Hochleistung, der Entspannung, in Träumen, intuitiver Wahrnehmung, körperlicher Anstrengung, Meditation, Sexualität oder im Gebet kann sich das Spektrum unseres Bewußtseins erweitern und neue Erfahrungen und neues Wissen in sich aufnehmen – sogenannte veränderte Bewußtseinszustände *(altered states of consciousness, ASC)*. Diese Herausforderung, das ganze Spektrum des Bewußtseins in unser tägliches Leben zu integrieren, formuliert der Psychologe Dr. William James so:

»Unser normales Wachbewußtsein, wir nennen es rationales Bewußtsein, ist nur eine besondere Art des Bewußtseins, eingebettet in potentielle Formen eines völlig anderen Bewußtseins und von diesem nur durch hauchdünne Schleier getrennt. Wir können durch unser Leben gehen, ohne deren Existenz auch nur zu vermuten: sind aber die erforderlichen Reize gegeben, so genügt ein Antippen, um sie voll und ganz zum Vorschein zu bringen, fest umrissene Geisteszustände, die wahrscheinlich irgendwo ihr Feld der Anwendung haben. Keine Beschreibung des Universums in seiner Totalität kann endgültig sein, die andere Formen des Bewußtseins völlig außer acht läßt. Wie sie zu betrachten sind, ist die Frage – denn sie liegen nicht auf dem Kontinuum unseres gewöhnlichen Bewußtseins. Sie können Einstellungen prägen, wenn auch keine Formeln liefern, und Neuland eröffnen, auch wenn sie keine Landkarte in die Hand geben. Auf jeden Fall verbieten sie es, die Kategorien, in denen wir die Wirklichkeit erfassen, für endgültig zu halten.

WILLIAM JAMES

14. Dynamisch handeln

Würden Sie stundenlang eine Mahlzeit zubereiten und dann wegrennen, ohne sie zu essen? Wenn Sie diese Techniken üben,

29

nur um danach aufzuspringen und sich wieder zwanghaft in unbewußte Aktivitäten zu stürzen, dann sind Sie am Wesentlichen vorbeigegangen. Entspannungs- und Meditationsübungen dienen dazu, den Geist zu sammeln, die Energien fein abzustimmen und sich auf dynamisches und wirkungsvolles Handeln vorzubereiten. Während der Übung erleben Sie, daß Sie sich den zentrifugalen Kräften des Lebens überlassen können, ohne dabei die Stille, Kraft und Ruhe im Mittelpunkt Ihres Wesens zu verlieren.

Wenn Sie am Ende einer Übungsphase angekommen sind, dann übertragen Sie diese Energie bewußt auf Ihr Handeln. Überprüfen Sie während des Tages immer wieder Ihren Zustand, nehmen Sie die notwendigen Korrekturen vor und zeigen Sie, daß die Methoden, die Sie sich so hart erarbeitet haben, auch wirksam sind.

15. Die fünf Hindernisse überwinden

Fünf Kräfte sind wesentlich für die geistige Entfaltung: 1. Zuversicht/Vertrauen, 2. Energie, 3. Konzentration, 4. Achtsamkeit/Aufmerksamkeit und 5. Einsicht/Verstehen.

Sie sind wirksame Gegenmittel gegen die fünf Hindernisse: 1. Zweifel/Angst, 2. Trägheit/Zaudern, 3. Ablenkung/Erregung, 4. Achtlosigkeit und 5. Verwirrung.

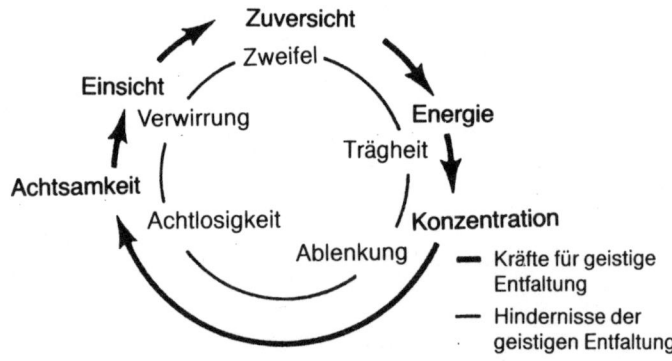

30

Würden Sie je etwas anfangen, wenn Sie kein Grundvertrauen in Ihre Fähigkeit hätten, es zu erreichen oder zumindest aus Ihrer Erfahrung zu lernen? Zuversichtlichkeit ist wesentlich, wenn Ihre Ausübung der Kunst der Entspannung, Konzentration und Meditation Ergebnisse zeitigen soll. Eine positive Grundeinstellung des *Vertrauens* wirkt Ihren *Zweifeln* entgegen und hilft Ihnen, jede Erfahrung, die Sie beim Üben machen, in Einsicht und Wachstum zu verwandeln.

Hoffnung und Furcht, Schmerz und Extase; jeder Augenblick im Fluß Ihrer Erfahrung offenbart Ihnen das Wesen Ihres Geistes und Ihres Körpers. Ein solches Verstehen kann Sie von alten Streßreaktionen und von zwanghaftem Verhalten befreien.

»Einen Prozeß zu verstehen, befähigt eine Person, Kontrolle über diesen Prozeß zu erlangen, oder sich aus seiner Herrschaft zu befreien. So kann jemand, der gewohnheitsmäßig zu Ärger neigt, durch ein analytisches Verstehen der Komponenten blinder Wut – was sie auslöst, wie sie abläuft, wie sie geistige, verbale und körperliche Energien mobilisiert usw. – seine Wutausbrüche unter Kontrolle bringen, und vielleicht schließlich auch von der Notwendigkeit der Kontrolle frei werden.«

Dalai Lama

Auch wenn Sie nur wenig Kontrolle über die Inhalte Ihrer Gedanken, Bilder und Gefühle haben, werden Sie in sich die Kraft entdecken, die Art, wie Sie mit diesen Inhalten umgehen, zu ändern.

Wenn Sie Ihre Übung freudig und mit Zuversicht beginnen, dann werden Sie die zweite Kraft, die *Energie*, in Fluß bringen. Damit werden Sie das Hindernis der *Trägheit* oder des *Zauderns* überwinden können und sich auf der Spirale des Wachstums weiterbewegen.

Sind Vertrauen und Energie wach geworden, dann müssen sie mit den Kräften der *Konzentration* und *Achtsamkeit* verbunden werden. Konzentration schafft einen Brennpunkt und die nötige Klarheit, um die Energie entsprechend der Absicht einsetzen zu können. *Achtsamkeit* erlaubt Ihnen, im Geist festzuhalten, was Sie tun. Konzentration wirkt der *Ablenkung* und geistigen Mattheit entgegen, und Achtsamkeit ist das Gegenmittel für das Vergessen dessen, was Sie gerade tun.

Durch die Einsicht, daß Ihre ursprünglichen Überzeugungen, Erwartungen oder Ahnungen Gültigkeit behalten, oder daß diese modifiziert werden müssen, wird die Kraft Ihres Selbstvertrauens ganz natürlich wachsen. Ihr Verstehen wird die Blockierung durch Zweifel und Furcht überwinden. Diese durch Erfolg und Verstehen gewonnene Kraft des Selbstvertrauens wird Sie auf der Wachstumsspirale erhöhter Energie, Konzentration, Achtsamkeit und Weisheit vorantreiben.

Haben Sie so Ihre Absicht durch die Kräfte des Vertrauens, der Energie, der Konzentration und der Achtsamkeit verwirklicht, so wird die fünfte Kraft, die *Einsicht*, heranreifen. Der disziplinierte Geist wird nun die Integrität besitzen, tiefe und wesentliche Einsichten in jenen bemerkenswerten Prozeß zu finden, der Sie selbst sind.

Die folgende Zusammenstellung soll Sie mit verschiedenen Techniken und Strategien zur Entspannung bekannt machen. Lesen Sie die Anleitungen durch und wählen Sie jene aus, von denen Sie das Gefühl haben, daß sie Ihren Bedürfnissen und Interessen am besten entsprechen. Zögern Sie nicht, Worte oder Bilder Ihrem eigenen Stil anzupassen. Durch Übung werden Sie mit den besonderen Eigenschaften dieser Techniken vertraut, so daß Sie anderen die richtigen Übungen empfehlen oder sie darin unterweisen können.

Gehen Sie mit Freude an diese Übungen heran. Vergessen Sie nicht, wie kurz Ihr Leben ist, und wie dünn der Faden, an dem es hängt.

1 Anspannen – Loslassen

Diese Technik wird Ihnen helfen, die verschiedenen Spannungsgrade, in denen Sie sich während des Tages befinden, wahrzunehmen und zu reduzieren.

Zuerst spannen Sie Ihren ganzen Körper so fest wie möglich an. Ballen Sie Ihre Fäuste, rollen Sie die Zehen ein, ziehen Sie Ihr Gesicht zusammen – immer fester, aber ohne sich dabei weh zu tun. Noch fester spannen und einige Augenblicke so halten. Beobachten Sie, wie es sich anfühlt, wenn man bis zum äußersten angespannt ist. Festhalten – und nun entspannen, völlig entspannen... lassen Sie Ihren Atem einströmen und lassen Sie beim Ausatmen alle Spannung fahren. Überlassen Sie sich der Schwerkraft. Alle Spannung, die Sie nicht brauchen, fließt von Ihnen ab. Die Wellen des Atems durchströmen Sie wie Ebbe und Flut.

Nun spannen Sie wieder Ihren ganzen Körper an, aber diesmal nur halb so stark wie vorher. Anspannen... halten... spüren, wie sich dieser Spannungsgrad anfühlt. Halten... und loslassen. Lassen Sie mit dem Atem alle Spannungen in Ihrem Geist und Körper los. Jeder Atemzug trägt die Spannung mit sich fort. Sie empfinden, wie es ist, Spannung freizusetzen und loszulassen.

Wieder spannen Sie Ihren ganzen Körper an, aber wieder nur halb so stark wie vorher. Spannen... halten... spüren, wie sich dieses Maß an Spannung in Ihrem Körper anfühlt. Sie spüren die Anstrengung, den Druck, das Festhalten. Vielleicht fällt Ihnen auf, daß Sie in Ihrem Alltag häufig so angespannt sind, ohne es überhaupt zu merken. Atmen Sie nun aus... lassen Sie ganz los. Die Wellen des Atems spülen die Spannung fort. Überlassen Sie sich der Schwerkraft. Sie spüren, wie sich Ihr Körper dem Lebensfluß öffnet. Sie fühlen Ihre Vitalität und tiefe strömende Wärme in Ihrem Innern.

Spannen Sie wieder Ihren Körper an, aber wiederum nur halb so stark wie vorher. Sie spüren die feine Spannung, die Ihren Körper durchzieht. Halten... spüren... und ganz und gar loslassen. Sie entspannen sich sanft mit dem Fluß des Atmens. Lassen Sie Ihren Körper und Geist in vollkommene Harmonie kommen.

Diesmal spannen Sie nur Ihren Geist an. Fixieren Sie Ihre Aufmerksamkeit auf einen Gedanken oder ein Angstgefühl. Halten Sie es fest... Sie spüren den feinen Schmerz in Ihrem Herzen, das sich im Gefühl von Angst, Ärger, Zweifel oder Schuld zusammenzieht. Erzeugen Sie in sich den Wunsch, von diesem Schmerz und dieser Spannung frei zu sein. Jetzt atmen... öffnen... loslassen. Sie erlauben Ihrem Geist und Ihrem Herzen, sich dem Fluß der Gedanken, Bilder und Gefühle zu überlassen. Verweilen Sie in dieser Offenheit. Sie schauen zu, wie Furcht, Angst und Zweifel vorbeifließen. Sie spüren eine tiefe, ruhige Stärke, die Ihr ganzes Wesen durchströmt. Wenn Sie so weit sind, atmen Sie einige Male tief durch. Während Sie atmen, lassen Sie in Ihren Körper bewußt das Gefühl erhöhter Vitalität einfließen ... und in Ihren Geist Klarheit und Ruhe ... Ihr Herz füllen Sie mit Wärme, Sanftmut und Zustimmung zu sich selbst und der Welt, in der Sie leben. Halten Sie dieses Gefühl in sich lebendig, so daß es in Ihre nächste Aktivität einfließen kann.

2 Fließen und Strömen

In Fluß kommen
Sie setzen sich hin und werden ruhig.
Sie machen sich Ihre Umgebung bewußt.
Sie spüren, wo Ihr Körper die Welt berührt.
Sie richten Ihr Bewußtsein auf das Gewicht und die Wärme, die
  Sie dort fühlen, wo Ihr Körper Ihren Körper berührt.

Sie atmen.
Sie atmen tief und langsam aus.
Sie seufzen leise, als würden Sie eine schwere Last abladen.
Sie überlassen sich der Schwerkraft.
Lassen Sie die Luft beim Einatmen natürlich und mühelos ein-
  strömen.

Suchen Sie in Ihrem Körper nach Anzeichen der Spannung.
Atmen Sie Bewußtsein in diese Körperzonen.
Lassen Sie beim Ausatmen das Umfeld des Spannungsbereichs
  weich werden und sich öffnen.
Lächeln Sie sich zu.
Erinnern Sie sich sanft daran: Ich brauche diese Spannung nicht
  in meinem Körper festzuhalten.

Nachdem Sie Ihren ganzen Körper durchspürt und Spannun-
  gen losgelassen haben, lassen Sie *alle* Empfindungen in Ihr
  Bewußtseinsfeld fließen.
Sie erleben die Resonanz der Symphonie des Lebens in Ihrem
  Körper.

Bedenken Sie, daß für *alle* Ihre Empfindungen in Ihrer Erfahrung Platz ist.

Sind immer noch Spannungen oder Schmerzen da, so machen Sie deren Umfeld weich.
Lassen Sie die Empfindungen *ohne Widerstand* frei fließen und sich verändern.

Richten Sie Ihr Bewußtsein sanft auf den Fluß der Gedanken, Gefühle und Bilder in Ihrem Geist.
Beobachten Sie einfach (ohne Kommentar), wie Sie sich jeden Augenblick wandeln.
Achten Sie auf den *Prozeß* des Wandels, ohne sich auf den besonderen *Inhalt* Ihrer Gedanken und Bilder einzulassen.

Wenn Sie merken, daß sich Ihre Aufmerksamkeit allzu sehr um einen Gedanken, ein Gefühl, ein Bild oder eine Empfindung spannt, dann nehmen Sie dieses Zugreifen einfach wahr, lächeln darüber, atmen hinein und lassen es *abfließen*.

Strömen lassen
Bleiben Sie nun einfach im *Fluß*.
Vergessen Sie nicht – in Ihrer Erfahrung ist für *alles* Platz.
Widerstand ist Schmerz.
Vertrauen Sie der Schwerkraft.
Geben Sie sich ganz dem Strömen hin . . .
Lassen Sie Ihr Bewußtsein mit jedem Atemzug feiner werden.
Genießen Sie das Mitschwingen in diesem Zustand des Strömens.
Sie stellen sich immer feiner auf diesen vibrierenden Zustand des Fließens ein.

Zurückkommen und ins Handeln übertragen
Der Kontakt zu Ihrer Umgebung wird Ihnen wieder bewußt.
Mit geschlossenen Augen spüren Sie den Raum, der Sie umgibt.
Sie empfinden, wie Sie dieser Raum mit allem verbindet.
Sie erleben die Geräusche, die Gerüche und Gefühle, die diesen Raum erfüllen.

Allmählich öffnen sich Ihre Augen.
Ihr Blick ist weich und empfänglich.
Sie *sehen*, ohne zu *schauen*.

Bewußtsein des Atems...
Bewußtsein der Schwerkraft...
Bewußtsein der Resonanz... des frei fließenden Lebensstroms
in Ihrem Innern.
Übertragen Sie die ruhige Vitalität dieser Erfahrung auf Ihr Tun.

Zur Blüte bringen
Die menschlichen Energieströme sind äußerst beeinflußbar. Es
bedarf ständiger neuer Feineinstimmung, um auf der Höhe der
Leistungsfähigkeit zu bleiben.
Das Leben wird Sie unvermeidlich herausfordern.

Überprüfen Sie immer wieder, in welchem Maß Sie Streß in
sich angesammelt haben. Wenn Sie sich den ›Lärm‹ in Ihrem
Leben bewußt machen und reduzieren, dann wird sich die dar-
unter liegende Harmonie natürlich entfalten.
Es lohnt sich, geduldig und beharrlich zu üben. Wenn Sie an
einer Ampel dreißig Sekunden Zeit haben, oder dreißig Minuten in der Mittagspause oder nach körperlicher Betätigung,
dann nutzen Sie diese Zeit, um Ihr System wieder feineinzu-
stimmen. Selbst wenn danach noch Spannung zurückbleibt,
dürfen Sie sich über das freuen, was Sie haben loslassen können. Jeder von uns ist mit allem ausgestattet, was er braucht,
um sich entspannen zu können. Vielleicht hat Ihnen noch nie
jemand gezeigt, wie Sie dieses Potential erschließen können.
Im Laufe der Zeit werden Sie wunderbare Veränderungen in
Ihrem Körper, Ihrem Geist und Ihrer Leistungsfähigkeit feststellen.

Freier Fluß: Zehn einfache Schritte, um Streß zu meistern.

Die folgenden zehn Schritte führen Sie durch die wichtigsten
Stufen der vorhergehenden Übung.
Wenn Sie diese Abfolge beherrschen, besitzen Sie eine einfa-
che, schnelle und wirksame Methode, Streßsymptome recht-

zeitig zu erkennen und zu reduzieren, bevor sie sich festsetzen können.

1. Zur Ruhe kommen und eine aufrechte, bequeme Position einnehmen.

2. Die Umgebung bewußt wahrnehmen.

3. Bewußtsein in den Körper hineinatmen. Langsam ausatmen, seufzen, ah... der Schwerkraft vertrauen. Den Atem ohne Anstrengung einströmen lassen.

4. Den Körper durchspüren nach Anzeichen von Spannung.

5. Sich liebevoll zulächeln mit dem Gedanken: ›Ich darf loslassen.‹

6. Das Umfeld der Spannung oder des Schmerzes weich machen und öffnen.

7. Die Augen sind geschlossen und weich, der Kiefer entspannt, die Arme schwer und warm, der Geist locker. Den Zustand strömenden Lebens genießen und sich mit Energie aufladen lassen.

8. Sich die nächste Tätigkeit bildlich vorstellen und sich darin mit dem Gefühl strömender Fülle erleben.

9. Sanft die Augen öffnen und die Umgebung wahrnehmen.

10. Die ruhige Vitalität ins Handeln übertragen.
Das *freie Strömen* in der Arbeit erleben.
Die Erfahrung mit anderen austauschen.

3 Durchspüren des Körpers

1. Suchen Sie sich einen angenehmen Platz, an dem Sie sich hinsetzen oder hinlegen. Ziehen Sie die Schuhe aus, öffnen Sie den Gürtel oder enge Kleidung. Strecken Sie Ihren Rükken, die Arme hängen oder liegen an der Seite. Die Füße sind etwas gespreizt, die Augen leicht geschlossen.

2. Sagen Sie sich innerlich: »Jetzt werde ich mich vollkommen entspannen. Wenn ich fertig bin, werde ich mich erfrischt und voller Energie fühlen.«

3. Gehen Sie mit Ihrer Aufmerksamkeit in die Füße, bewegen Sie Ihre Zehen und Fußgelenke. Dann *lassen Sie los*, alle Spannungen lösen sich, und Ihre Füße liegen schlaff und schwer auf dem Boden.

4. Gehen Sie mit Ihrer Aufmerksamkeit in Ihre Beine, in die Knie und Schenkel bis hinauf zu den Hüften. Stellen Sie sich vor, daß Sie in den Boden hineinsinken, schwer und entspannt.

5. Gehen Sie mit Ihrer Aufmerksamkeit in Ihre Arme, in die Ellbogen und Oberarme, bis hinauf zu den Schultern. Stellen Sie sich vor, daß die Spannungen einfach wegschmelzen.

6. Gehen Sie mit Ihrer Aufmerksamkeit in den Bauch. Lassen Sie die Spannung los, so daß Ihr Atem tief und gleichmäßig fließen kann.

7. Gehen Sie mit Ihrer Aufmerksamkeit in Ihren Magen und Ihre Brust, bis hinauf zur Kehle und zum Hals. Während Ihr Atmen immer tiefer wird, stellen Sie sich vor, daß alle Spannungen abfließen.

8. Jetzt gehen Sie mit Ihrer Aufmerksamkeit in Ihre Kehle, Ihren Hals und Kopf und fühlen sich locker und entspannt. Entspannen Sie Ihre Gesichtsmuskeln. Lassen Sie den Kiefer locker, so daß sich die Lippen und Zähne öffnen. Stellen Sie sich vor, wie Sie vollkommen entspannt sind.

9. Wenn Sie noch irgendwo im Körper Spannung entdecken, dann gehen Sie mit Ihrem Bewußtsein in diese Zone und lassen Sie die Spannung los.

10. Bleiben Sie fünf oder zehn Minuten in diesem völlig entspannten Zustand. Sie können sich in angenehmen Gedanken ergehen, oder einfach das Bewußtsein ausschalten und in leichten Schlaf gleiten.

11. Wenn Sie aufstehen wollen, dann sagen Sie sich: »Ich war tief entspannt. Ich bin jetzt bereit, aufzuwachen und fühle mich völlig erfrischt, entspannt und voller Energie.«

12. Bewegen Sie Ihre Zehen und Ihre Fußgelenke, dann Ihre Finger und Handgelenke.

13. Ziehen Sie das rechte Knie an, dann das linke. Beugen Sie den rechten Arm und dann den linken.

14. Öffnen Sie die Augen. Strecken Sie die Arme einzeln nach oben. Dann stehen Sie langsam auf und strecken sich noch einmal. Sie sind jetzt bereit, in Ihren Aktivitäten fortzufahren.

4 Körperkarte

Diese Technik zur Bewußtmachung der Empfindungen im Körper wird Ihnen dabei helfen, die allzu oft verlorene Welt des Körpers wieder in Besitz zu nehmen.

Wenn Sie im Laufe des Tages häufig davon Gebrauch machen, dann wird sich Ihnen der Reichtum körperlich-sinnlicher Lebendigkeit erschließen, und Sie werden die Warnzeichen für Streß schnell erkennen.

Tragen Sie in die obige Zeichnung für die verschiedenen Körperzonen die Intensität Ihrer Empfindung ein auf einer Skala von − 5 bis + 5, wobei 0 neutral ist, − 5 sehr unangenehm und + 5 sehr angenehm. Denken Sie sich eine graphische Darstellung für die Qualität Ihrer Empfindung aus, für Kribbeln, Pulsieren, Verspannung, Taubheit usw. und malen Sie diese in die Abbildung. Zeichnen Sie keine anatomischen Strukturen, wie Knochen oder Organe, ein.

5 Aktive Imagination

Diese Übung wirkt ganz besonders harmonisierend auf Ihren Geistkörper. Es wird eine bestimmte Sequenz von Sätzen oder Formeln verwendet, die direkt auf das Steuersystem Ihres Körpers wirkt.

Beginnen Sie damit, daß Sie sich bequem hinsetzen. Halten Sie Ihren Körper ruhig. Atmen Sie fünfmal langsam und tief durch, einatmen und ausatmen durch beide Nasenlöcher. Nun atmen Sie langsam und gleichmäßig ohne Pause zwischen dem Aus- und Einatmen. Gehen Sie mit Ihrer Aufmerksamkeit an den Steg zwischen den Nasenlöchern und spüren Sie, wie die Luft dort aus- und einströmt.

Wenn Ihre Gedanken abschweifen, dann bringen Sie Ihre Aufmerksamkeit sanft an diese Stelle zwischen den Nasenlöchern zurück. Atmen Sie langsam und leicht, ohne daß Ihnen die Luft dabei knapp wird.

Vorstellungen, die den Körper beruhigen

Während Sie folgende Sätze hören oder sie im Stillen wiederholen, stellen Sie sich vor und spüren Sie, wie durch Ihren ganzen Körper Entspannung fließt. Lassen Sie einfach zu, daß Ihr Körper auf diese Vorstellungen reagiert.

Ich fühle mich ruhig . . . Ich fange an, mich ganz entspannt zu fühlen . . . meine Füße, meine Fußgelenke, meine Knie und meine Hüften sind schwer und entspannt . . . meine Körpermitte ist entspannt und ruhig . . . meine Hände sind schwer, warm und entspannt . . . meine Arme und meine Schultern sind schwer und entspannt . . . mein Hals, mein Kiefer und meine Stirn sind tief entspannt. Ich fühle mich wohl in meinem ganzen Körper, er ist vollkommen ruhig und tief entspannt . . .

Vorstellungen, die die Gefühle beruhigen

Bleiben Sie in dieser angenehmen und entspannten Position und visualisieren und *spüren* Sie die folgenden Sätze, durch die sich Ihre Gefühle beruhigen und Ihr Körper mit Wärme durchströmt wird:

Meine Arme und Hände sind schwer und warm . . . ich fühle mich ruhig, ganz ruhig . . . meine Arme und Hände sind entspannt, entspannt und warm . . . meine Hände sind warm . . . Wärme fließt in meine Hände hinein, sie sind warm . . . sehr warm . . . meine Hände sind entspannt und warm . . . mein Atem füllt mich mit Wärme und Wohlbehagen . . . mit dem Ausatmen öffnen sich mein Herz und mein Geist, so daß meine Gefühle aufsteigen und fließen dürfen . . .

Vorstellungen, die den Geist beruhigen

Stellen Sie sich bei jedem Satz vor und *spüren* Sie, wie Sie innerlich immer ruhiger werden und Ihr inneres Gewahrwerden zunimmt:

Ich fühle mich jetzt ruhig . . . mein Geist ist ganz ruhig, friedlich und klar . . . ich ziehe meine Gedanken von meiner Umgebung ab und fühle mich heiter, gelassen und leicht . . . tief im Innern fühle ich mich entspannt, offen, fließend und ruhig . . . ich bin wach nach innen gerichtet . . . mein Geist ist ruhig, klar und gelassen . . . ich bin von Stille und Ruhe erfüllt.

Geist und Körper Energie zuführen

Wenn Sie bereit sind, wieder aktiv zu werden, dann stellen Sie sich, während Sie Ihren Körper langsam strecken, die folgenden Sätze vor:

Ich fühle mich ausgeruht und wieder voller Energie . . . ich spüre, wie die Lebenskraft durch meine Arme und Hände fließt . . . ich spüre die Lebenskraft durch meinen ganzen Körper fließen, durch mein Gesicht, meine Arme, meine Brust, meinen Bauch und meine Beine . . . mein ganzer Körper ist gefüllt mit Energie, eins und ganz lebendig . . . mein Geist ist ruhig, klar und wach . . . ich bin wach, belebt und bereit, tätig zu werden.

Nun strecken Sie sich kräftig, atmen tief durch und öffnen langsam Ihre Augen.

6   *Die innere Oase*

Setzen oder legen Sie sich bequem hin und lenken Sie Ihre Aufmerksamkeit nach innen. Äußere Geräusche oder Vorgänge dürfen kommen und gehen, ohne daß es Sie ablenkt. Nun lassen Sie sich von Ihrer Vorstellungskraft zu einem Platz führen, der besonders schön, friedvoll oder stark ist und für Sie die ideale Umgebung oder Atmosphäre darstellt, in der Sie sich tief entspannen und mit Energie anfüllen können. Dies mag eine Szene aus Ihrer Erinnerung oder Fantasie sein, oder sich aus beiden zusammensetzen. Es sollte eine ruhige Umgebung sein, vielleicht am Meer, in den Bergen, oder auch in Ihrem eigenen Garten.

Jetzt lassen Sie dieses Bild lebendig werden. Mit all Ihren Sinnen stellen Sie sich plastisch vor, diese Szene jetzt und hier zu erleben. Mit dem Atmen führen Sie all Ihren Sinnen Energie zu. Sie sehen deutlich die Formen und Farben, die Sie umgeben. Sie hören die Geräusche, die zu dieser Umgebung gehören. Sie riechen den Duft in der Luft, und schmecken, was es in dieser Umgebung an Schönem zu schmecken gibt. Mit Ihrem Körper spüren Sie die Temperatur der Luft oder der leichten Brise, und mit Ihrem Tastsinn erfassen Sie die Formen und stoffliche Beschaffenheit der Welt um Sie her. Sie nehmen den Raum wahr, in dem Sie sich befinden, das, was über Ihnen ist, hinter Ihnen, vor Ihnen und an den Seiten.

Halten Sie jetzt inne. Sie kommen zur Ruhe und lassen Heilung und Harmonisierung zu. Jeder Atemzug erfüllt Sie mit Ruhe, Kraft, Klarheit und Frieden – mit den Gefühlen, die Sie jetzt am meisten brauchen. Ihr Geist wird mit dem Frieden und der natürlichen Vitalität dieses wunderbaren Ortes getränkt. Sie sehen oder erfahren Ihren Körper und Geist als ganz und vollständig. Sie stellen sich vor und spüren, wie Ihr Körper und Geist in Einklang und Resonanz mit den heilenden und kraftspendenden Qualitäten dieses Ortes der Schönheit, des Friedens und der Stärke kommen. Halten Sie inne. Nehmen Sie die Energien auf, die Sie am meisten brauchen. Sie sind nun eingestimmt in diesen Zustand vollkommener Harmonie und Resonanz.

Wenn es genug ist, dann lassen Sie dieses Bild behutsam in sich hineinschmelzen. Ohne die Energie, Vitalität, Schönheit, Kraft, Heiterkeit und Stärke dieser geistigen Oase zu verlieren, werden Sie sich Ihrer Umgebung bewußt. Mit dem Atmen stellen Sie sich vor, daß Ihnen von diesem inneren Ort Inspiration zukommt. Beim Übergang in die Aktivität spüren Sie, wie diese positiven Gefühle Ihren Körper und Geist durchströmen und in Ihr äußeres Leben und Ihre Handlungen einfließen. Lassen Sie etwas von Ihrer inneren Oase in Ihrer äußeren Welt widerscheinen.

7 Regenbogen-Licht-Entspannung

Setzen Sie sich bequem hin, mit geradem Rücken, entspannten Augen, lockerem Kiefer und entspanntem Körper.

Jetzt stellen Sie sich lebhaft vor, daß Sie von einer leuchtenden Wolke des Wohlbehagens und der Entspannung umgeben sind. Geben Sie dieser Wolke eine rote Färbung* und ein warmes, beruhigendes Gefühl. Nun beginnen Sie mit der ersten Folge von fünf tiefen und langsamen Atemzügen. Sie atmen diese entspannende feine Substanz der Wolke ein, halten den Atem an, während Sie langsam bis fünf zählen, und stellen sich vor, wie Ihr Kopf, Ihr Hals und Ihre Schultern damit gefüllt werden und jede Pore und Faser davon durchtränkt wird. Mit dem Ausatmen lassen Sie Ihre körperlichen Spannungen, Gedanken, Sorgen oder geistige Stumpfheit abfließen, die sich in dieser Körperzone abgelagert haben. Stellen Sie sich vor, daß Sie Ihre körperlichen, emotionalen oder geistigen Beschwerden wie Rauch oder Nebel ausatmen, und sie von dieser leuchtenden, entspannenden Substanz weggetragen werden. Sie schauen zu, wie sich dieser Nebel oder Rauch im Raum völlig auflöst.

Bei der zweiten Folge von fünf Atemzügen richten Sie Ihre Aufmerksamkeit auf Ihren Oberkörper und die Hände und Arme. Sie stellen sich vor, wie diese entspannende Substanz in die Nasenlöcher hineinfließt zum Mittelpunkt der Brust und sich von dort in den Oberkörper, die Arme und Hände ergießt und diese mit dem wohlig warmen Gefühl des rot leuchtenden Dunstes erfüllt. Wie vorher halten Sie den ersten Atemzug an, wäh-

---

* Farben haben auf verschiedene Menschen zu verschiedenen Zeiten einen unterschiedlichen Einfluß. Wenn Sie die Visualisation grundsätzlich beherrschen, dann können Sie mit verschiedenen Farben experimentieren, um herauszufinden, welche Frequenz des mentalen Spektrums für Sie am geeignetsten ist. Sollte es Ihnen schwerfallen, Farben zu visualisieren, dann können Sie anfangs auf ein farbiges Papier schauen, oder auf einen Strahl des Farbenspektrums, der durch einen Kristall auf die Wand fällt. Durch Übung werden Sie merken, wie einfach und wirksam diese Technik ist.

rend Sie langsam bis fünf zählen, und stellen sich vor, daß der Sauerstoff Ihr Gewebe durchtränkt und nährt und alle Abfallprodukte Ihrer Muskeln und Ihres Gehirns wegspült. Stellen Sie sich lebhaft vor, wie diese ganze Körperzone durch das rote Glühen tiefer Entspannung vitalisiert wird.

Bei der dritten Folge von fünf Atemzügen richten Sie Ihre Aufmerksamkeit auf den unteren Teil des Körpers. Hüften, Bauch, Gesäß, Genitalien, Beine und Füße. Beim Einatmen stellen Sie sich vor, wie diese leuchtende, entspannende Substanz zum Nabel hinunterfließt und von dort den ganzen unteren Teil Ihres Körpers durchtränkt. Die Muskeln und das Gewebe werden mit Sauerstoff aufgeladen und gereinigt. Überlassen Sie die folgenden Atemzüge ihrem eigenen Rhythmus. Sie spüren, wie dieser Teil Ihres Körpers von einem tiefen Gefühl der Entspannung, Wärme und Vitalität durchströmt wird.

Bei der letzten Folge von fünf Atemzügen stellen Sie sich bildhaft vor, daß Sie reine, kristallklare Feinsubstanz einatmen und regenbogenfarbiges Licht. Die Wellen des Atems fließen mühelos in ihrem eigenen Rhythmus. Sie stellen sich vor, daß diese leuchtende Substanz erst ins Zentrum der Brust fließt und sich dann durch den ganzen Körper ergießt. Lenken Sie dieses kraftvolle, reinigende und harmonisierende Licht in jenen Bereich Ihres Körpers, der nicht im Gleichgewicht ist und der Heilung bedarf. Sie empfinden, daß Ihr ganzes Wesen jetzt rein und klar wie ein Kristall ist, in dem sich das Licht der Sonne in den Farben des Regenbogens bricht. Dieses strahlende Licht fließt durch Sie hindurch hinaus in die Welt. Sie können es auf andere richten und sich vorstellen, daß es ihnen hilft, ihre Spannungen zu lösen, ihren Geist zu beruhigen und ihr Herz zu öffnen. Lassen Sie die Vorstellung in sich stark werden, daß die Energie und das Licht, die durch Sie hindurchfließen, der Welt, in der Sie leben, mehr Harmonie bringen. Das ist ein sehr einfaches, stilles und doch sehr wirkungsvolles Geschenk von Ihnen an die Welt.

Sie werden merken, daß diese Techniken der Visualisierung um so stärker auf Ihren eigenen Geistkörper, auf Geist und Körper von anderen und die Sie umgebende Welt wirken, je lebendiger und von allen Sinnen gespeist Ihre Vorstellung wird. Wenn es Ihnen schwer fällt, sich die Farben und die Substanz vorzustellen und sie zu erleben, dann laden Sie Ihre Übung durch die feste Zuversicht mit Energie auf, daß es dennoch geschieht. Haben Sie sich mit der Grundtechnik vertraut gemacht, dann können Sie Ihre Übung dadurch erweitern, daß Sie den leuchtenden Stoff duften lassen, einen wohltuenden Ton hinzufügen, oder sogar einen angenehmen Geschmack.

Später werden Sie die gleichen Ergebnisse mit nur vier Atemzügen erreichen können: Beim ersten Atemzug reinigen und füllen Sie Ihren Kopf mit rotem Licht, beim zweiten den Oberkörper, beim dritten den Unterkörper, und mit einem vierten Atemzug wird Ihr ganzer kristallklarer Körper mit Regenbogenlicht durchströmt. Durch weiteres Üben werden Sie diese Methode mit einem einzigen Atemzug beherrschen und Ihren Geistkörper, wann und wo Sie wollen, mit dem Licht des Regenbogens entspannen und aufladen können.

8 Symptome der Entspannung

Viele von uns kennen die Symptome der Spannung besser als jene der Entspannung. Hier folgt eine Liste häufiger Anzeichen der Entspannung. Welche davon kennen Sie? Welche könnten Sie *Ihrer* Liste noch hinzufügen?

Ich weiß, daß ich entspannt bin, wenn ich einige der folgenden Empfindungen habe:

Schwere	Verbundenheit
Leichtigkeit	Ruhe
Wärme	Gelassenheit
Kribbeln	Frieden
Gähnen	Fluß der Gefühle
Seufzen	Gefühlsentladung
Langsameres Atmen	Zittern
Leichteres Atmen	Weich-werden der Augen
Bauchatmung	Weich-werden der Muskeln
Offenheit	Schwer- und Warm-werden der Hände

Teil Zwei
Konzentration

»Konzentration ist wie ein Diamant,
strahlende, gesammelte Energie,
Intelligenz und Sensitivität«

Den Geist sammeln

Leben ist Lernen. Wieviel wir wirklich lernen, ist direkt proportional zu unserer Fähigkeit, unsere Aufmerksamkeit zu sammeln und für eine gewisse Zeit auf einen Gegenstand zu richten. Mit Lernen ist hier nicht nur der Erwerb von Wissen gemeint, sondern die Fähigkeit, hinter oberflächlichem Wissen zum Sinn vorzudringen.

Indem wir unsere Fähigkeit zur Konzentration entwickeln, lernen wir, Gedanken, Tatsachen und Informationen strukturell zu integrieren, so daß sich eine tiefere Bedeutung offenbart, als sie für den oberflächlichen oder unkonzentrierten Beobachter unmittelbar sichtbar ist.

Ein konzentrierter Geist befähigt uns, unser Wachstum und unser Lernen zu beschleunigen, weil er uns direkten Zugang zur Einsicht in die tieferliegenden Ursachen gewöhnlicher Erscheinungen verschafft.

Bei den meisten Menschen sind zerstreute oder unkontrollierte Gedankenströme und Eindrücke oder beschränkte Voreingenommenheit mit gewissen Aspekten dieser Eindrücke die Norm. Dieser zerstreute und verwirrte Geisteszustand erlaubt weder Hochleistung noch schöpferische Einsicht. Mit fahrigen Gedanken und dem Zufall anheimgegebenen Beobachtungen hat unser unkonzentrierter Geist weder die Stabilität noch die Kraft, den Schleier oberflächlicher Erscheinung zu durchdringen und zu den tieferen Bedeutungsebenen und Beziehungsmustern vorzudringen, auf die sich alle großen Wissenschaftler und Philosophen beziehen.

Der Vater der modernen Bewußtseinspsychologie, Dr. William James, wurde einmal gefragt, wie lange man ungebrochene Konzentration auf einen einzigen Gegenstand aufrecht erhalten könne. Nach einigem Nachdenken antwortete er, aufgrund seines Wissens und seiner Erfahrung seien vier Sekunden das Maximum. Für die meisten von uns wäre sogar das eine Errungenschaft! Durchforschen wir jedoch die Literatur der großen kontemplativen Traditionen der Welt nach Gipfelerlebnissen, so stoßen wir auf Beschreibungen von Zuständen der Konzentration und stabilisierter Aufmerksamkeit, die Minuten, Stunden, ja sogar Tage angehalten haben, und auf

Anleitungen, wie diese Fähigkeit systematisch entwickelt werden kann.

Wir haben alle schon einen Vorgeschmack von Konzentration erlebt. Jeder von uns hat seine Aufmerksamkeit schon ungeteilt auf etwas gerichtet, einen geliebten Menschen, einen herrlichen Sonnenuntergang, eine Symphonie oder eine Arbeit, die uns ganz absorbiert hat. Es ist möglich, diese Konzentrationsfähigkeit unseres Geistes zu trainieren.

Als erstes Zeichen für die Stabilisierung unserer Konzentration gilt oft die Fähigkeit, die Aufmerksamkeit 7, dann 21, schließlich 108 Atemzüge lang ungebrochen halten zu können. Mit dem Wachsen der *Konzentrationskraft* können wir selbst dann, wenn unsere Aufmerksamkeit abschweift, dies sofort wahrnehmen und unseren Geist zum Gegenstand unserer Konzentration zurückführen. Konzentration geht im Prozeß der Reifung in *Kontemplation* über. Wir erleben nun ein Gefühl der Verbundenheit, des Strömens, zwischen uns, dem Beobachter, und dem Gegenstand unserer Aufmerksamkeit. Auf der dritten Stufe, der Stufe der *Vereinigung,* sind wir schließlich von ganzem Herzen und ohne Unterbrechung mit dem Gegenstand unserer Aufmerksamkeit verbunden. Wir treten in eine innige Beziehung mit diesem Gegenstand und erkennen ihn von innen her, als wäre er eins mit uns. Vielleicht haben Sie diesen Zustand vollkommener Konzentration schon spontan erlebt, als Sie verliebt oder von der beglückenden Schönheit eines Anblicks gefesselt waren.

Durch Übung wird sich unser Geist stabilisieren und die Wahrnehmung von uns selbst und von der Welt wird sich allmählich verändern. Es werden sich neue Bereiche intuitiven Verständnisses auftun und in unser Leben integriert werden. Unser Gefühl der Isolation wird sich verringern, und wir werden Verbundenheit, Empathie, Mitgefühl und Respekt für uns selbst, für andere und die Welt empfinden.

Starke Konzentration zu entwickeln, ähnelt der Entwicklung von körperlicher Stärke. Die geduldige und beharrliche Übung der folgenden Techniken wird sicherlich Ihre Fähigkeit zur Konzentration ausbilden.

Sie werden dann den Strahl Ihres Bewußtseins auf jede beliebige Aktivität richten können und so zu einem tieferen Verständnis gelangen, aus dem heraus Sie Ihre Leistungs- und Wahrnehmungsfähigkeit erhöhen können.

Vergessen Sie im Laufe des Übens nicht den folgenden Ratschlag:

> »Sei mit jedem geduldig, aber vor allem mit dir selbst. Lasse dich von deinen Unvollkommenheiten nicht niederschlagen, sondern erhebe dich immer wieder mit neuem Mut. Wie können wir mit den Fehlern unserer Nachbarn geduldig sein, wenn wir mit unseren eigenen Fehlern ungeduldig sind? Wer sich über sein eigenes Versagen ärgert und grämt, der wird es nicht korrigieren. Nutzbringende Korrektur kann nur einem ruhigen, friedvollen Geist entspringen.«
>
> St. Francis de Sales

Anhaltspunkte für die Praxis der Konzentration

»Bevor ein Instrument benutzt werden kann, muß es geschaffen werden. Es ist wahr, daß die meisten von uns lernen, sich auf weltliche Dinge zu konzentrieren, aber alle Anstrengungen dieser Art richten sich auf die Analyse, Synthese und den Vergleich von Tatsachen und Ideen; dagegen zielt Konzentration als notwendige Vorstufe zur Meditation darauf, die Aufmerksamkeit ohne Schwanken auf ein Ding oder eine Idee der eigenen Wahl zu richten, unter Ausschluß jedes anderen Gegenstandes . . . völlige Zielgerichtetheit des Denkens auf den vorliegenden Gegenstand, sei es ein Bleistift, eine Tugend oder ein im Geist vorgestelltes Diagramm.«

CHRISTMAS HUMPHREYS

1. Die Auswahl des Gegenstandes der Konzentration

Zur Entwicklung der Konzentrationskraft wird mit den verschiedensten Gegenständen gearbeitet. Einige alte Traditionen richten die Konzentration auf göttliche Attribute, wie Stärke, Kraft, Mitleid, Schönheit, Gnade etc. Andere empfehlen die Kontemplation der groben und feinen Elemente: Erde, Wasser, Feuer, Luft und Raum. Wieder andere lenken die Konzentration auf verschiedene Zentren im Körper, auf heilige Objekte, Symbole oder Gebete.

Die einfachste und direkteste Methode zur Entwicklung geistiger Stabilität ist die Konzentration auf den eigenen Atem. Er ist immer gegenwärtig und erneuert sich selbst – etwa 21 000 Mal am Tag. Es ist ganz bestimmt die wirksamste Methode für Menschen, die kopflastig sind und zu exzessivem inneren Dialog neigen.

Der Zustand unseres Geistes und der Fluß unseres Atems hängen eng miteinander zusammen. Sie können an sich selbst die Veränderung im Rhythmus und Fluß Ihres Atems beobachten, wenn Sie Angst haben, ärgerlich sind oder voller Freude, liebevoll, gestreßt oder in Frieden. Einfach dadurch, daß wir unsere Aufmerksamkeit auf den Atmungsprozeß richten, wird der Geist ruhiger, klarer und ausgeglichener.

Wenn Sie körperlich orientiert sind, dann kann Ihnen vielleicht die Wiederholung einer einfachen Bewegung dabei helfen, ungebrochene Konzentration aufzubauen. Ein japanischer

Kampfsport, eine Gebärde oder ein Mudra, die immer wiederholt werden, eine Yogaübung, oder sogar Jogging und Radfah-
ren können Sie zu den Anfangsstufen der Konzentration führen, wenn Sie sich ganz hineinvertiefen.

Wenn Sie religiös ausgerichtet sind, dann kann Ihnen ein Gegenstand von besonderer Bedeutung als Brennpunkt der Konzentration dienen. Wählen Sie ein Bild aus, das für Sie eine
Quelle der Inspiration ist, ein heiliges Symbol oder Objekt. Die
Wiederholung eines kurzen Gebets oder eines Mantras oder die
Kontemplation eines göttlichen Aspekts können starke Mittel
zur Bündelung Ihrer Aufmerksamkeit sein.

Immer jedoch kann man zu Beginn mit Hilfe des Atems leicht
in einen ruhigen Geisteszustand kommen. Es wäre ideal, wenn
Phasen der Bewegung (s. o.) mit ein paar Augenblicken der
Atembeobachtung beendet würden.

Der Atem kann zu einem guten Freund werden, der uns daran erinnert, aufzuwachen und das Wesen unserer Erfahrung zu
begreifen. Mit einem einzigen bewußten Atemzug können wir
unsere Aufmerksamkeit im gegenwärtigen Augenblick konzentrieren, die Spannungen unseres Geistkörpers auflösen und
größere Harmonie herstellen.

2. Der Schlüssel zur Entwicklung der Konzentrationskraft

Wenn Sie angefangen haben, Ihre Konzentrationskraft zu schulen, werden Sie merken, daß Sie zwischen zu starkem und zu
schwachem Festhalten am Gegenstand Ihrer Konzentration hin
und her schwanken. Es ist wichtig, hier die Balance zu finden.

Haben Sie Ihr Bewußtsein auf ein Objekt gerichtet, dann ent-
spannen Sie sich ein wenig. Wenn Sie sich krampfhaft auf den
Gegenstand konzentrieren, dann wird Ihr Geist unruhig und
Ihr Körper gespannt. Lassen Sie jedoch zu sehr nach, so
schweift Ihre Aufmerksamkeit ab, oder zerstreut sich ganz. Mit
Übung und Geduld werden Sie lernen, zwischen diesen beiden
Zuständen zu unterscheiden und Ihre Konzentration zu ver-
tiefen.

3. Wie lang soll man üben?

Am Anfang ist es empfehlenswert, die Übungszeiten kurz zu halten. Öfter kurz zu üben, wird langfristig wohltuender und wirksamer sein, als seltener lang. Wenn Sie die einzelnen Sitzungen zu lang ausdehnen und sich zu sehr bemühen, dann werden Sie müde und frustriert.

Ihre Übung sollte wie der Besuch eines guten Freundes sein; geht er, bevor Sie seiner überdrüssig sind, dann freuen Sie sich auf sein Wiederkommen. Wenn Sie an jede Übung freudig herangehen, dann haben Sie die nötige Begeisterung und Ihre Aufmerksamkeit wird sich unweigerlich stabilisieren.

Je stärker Ihre Konzentration bei der Übung ist, um so größer wird die Fähigkeit sein, sich auf Ihre gewöhnlichen Tätigkeiten zu konzentrieren.

»Weisheit ist die Harmonie zwischen unserem Geist und den Gesetzen der Wirklichkeit.

Moralität ist die Harmonie zwischen unseren Überzeugungen und unseren Handlungen.

Konzentration ist die Harmonie zwischen unseren Gefühlen, unserem Wissen und unserem Willen, die Einheit all unserer schöpferischen Kräfte in der Erfahrung einer höheren Wirklichkeit.«

LAMA GOVINDA

Weitere Ratschläge finden sich in den *Anhaltspunkten zur Entwicklung der Entspannungsfähigkeit* (S. 21).

1 Selbst-erinnern

»Wenn dein Herz abschweift oder abgelenkt wird, dann bring es ganz behutsam zurück... Wenn du während der ganzen Stunde (der Kontemplation) nichts anderes getan haben solltest, als dein Herz zurückzubringen, und es doch jedesmal wieder weggegangen ist, dann hättest du diese Stunde sehr gut genutzt.«

ST. FRANCIS DE SALES

Während Sie diese Worte lesen, *wissen* Sie, daß Sie lesen.

Die Fähigkeit, zu wissen, was wir tun, heißt Selbsterinnern. Diese Übung befähigt uns, unsere Wahrnehmungen und

Handlungen feinabzustimmen. Sie bringt dem Geist Ruhe, Klarheit und Freiheit, Qualitäten, die notwendig sind, um die begrenzenden Muster unseres gewohnheitsmäßigen Denkens und Handelns zu erkennen und uns die Möglichkeit zu kreativeren und wirksameren Handlungsweisen zu erschließen. Mit diesem Bewußtsein können wir unser Leben auf Ziele hinlenken, die wir erreichen wollen.

Atme ich ein, so weiß ich, daß ich einatme.
Atme ich aus, so weiß ich, daß ich ausatme.
Höre ich, so weiß ich, daß ich höre.
Berühre ich, so weiß ich, daß ich berühre.
Hebe ich hoch, so ist mir bewußt, daß ich hochhebe.
Setze ich mich hin, so ist mir bewußt, daß ich mich hinsetze.
Denke ich, so ist mir bewußt, daß ich denke.
Erlebe ich Angst, so ist mir bewußt, daß ich Angst habe.
Erlebe ich Freude, so ist mir bewußt, daß ich mich freue.
Habe ich Absichten, so ist mir bewußt, daß ich etwas beabsichtige.
Fange ich etwas an, so ist mir bewußt, daß ich anfange.
Lese ich, so ist mir bewußt, daß ich lese.
Beende ich etwas, so ist mir bewußt, daß ich aufhöre.

Vorschläge:
Gehen Sie spazieren . . .
Hören Sie Musik . . .
Essen Sie eine Mahlzeit . . .
und *halten Sie Ihre Aufmerksamkeit ungeteilt bei dem, was Sie gerade tun.* Wenn sie abschweift – was bestimmt der Fall sein wird – bringen Sie sie einfach zu dem, was Sie tun, zurück; ohne Selbstkritik und Vorhaltungen wenden Sie sich wieder Ihrer Übung des Selbsterinnerns zu.

2   Ein Mittel gegen Entmutigung

Wenn Sie Ihre Übung weitgehend in Unruhe und Zerstreutheit verbracht haben, dann werden Sie leicht das Gefühl bekommen, daß Sie Ihre Zeit verschwendet haben. Dagegen gibt es ein einfaches Mittel: Sie unterteilen Ihre Übungszeit, sei es eine

Stunde, eine halbe oder weniger, durch kleinen Pausen in kurze Abschnitte. (Sie können die folgende Methode auch zwischendurch anwenden, wenn Sie nur ein paar Minuten Zeit haben.)

1. Setzen Sie sich bequem und aufrecht hin.

2. Atmen Sie langsam und vollständig aus.

3. Beim Ausatmen lassen Sie den Ton ›Ahhh‹ leise anklingen. Der Ton öffnet sich und fließt nach außen. Auch Ihr Geist öffnet sich und fließt mit dem Ton in einer ungebrochenen Welle des Bewußtseins mit, bis er abgelenkt oder unruhig wird.

4. Beim ersten Anzeichen von Ablenkung oder Unruhe hören Sie mit der Übung sofort auf.

5. Entspannen Sie sich fünfzehn bis zwanzig Sekunden lang. Schauen Sie herum, strecken Sie, wenn Sie mögen, Ihre Beine aus, und fangen Sie wieder bei Schritt zwei an.

Wiederholen Sie diese Folge während der Zeit, die Sie sich für die Übung gesetzt haben, so oft Sie wollen. Allmählich werden Sie sich an diese kurzen Spannen ungebrochener Aufmerksamkeit und Konzentration gewöhnen. Zu Beginn werden Sie Ihre Konzentration nur einige Sekunden aufrecht erhalten können, aber durch Übung entwickeln Sie Stabilität, so daß Ihre Konzentration an Tiefe und Dauer gewinnt.

Mit der Zunahme Ihrer Konzentrationskraft spüren Sie, wie sich Ihr Geist und der Ton ›Ahhh‹ immer weiter nach außen entfalten, selbst wenn Sie den Ton für einen neuen Atemzug unterbrechen müssen.

3 Zen-Atemübung

»Mit der Zunahme von Konzentration und Aufmerksamkeit wird der Geist klar und ausgeglichen. Immer schärfer sehen wir, wie sich die Dinge jeden Augenblick verändern, daß sie letztlich keine Quelle dauernden Glücks sind, und wie sich der Geistkörper gemäß gewissen Gesetzen (Karma) entfaltet, die mit einem dauerhaften Selbst nichts zu tun haben... Zu diesen tiefen Einsichten gelangt man einfach durch zunehmende Achtsamkeit, ein durchdringendes Gewahrwerden unseres eigenen Lebensprozesses. Mit diesen Einsichten entsteht Weisheit, und sie bringt Gleichmut, liebevolle Zuwendung und Mitgefühl mit sich, denn durch die Erfahrung der Leere des Selbst nehmen wir die Einheit aller Wesen wahr.«

JACK KORNFIELD

1. Setzen Sie sich bequem und aufrecht hin. Lassen Sie in sich die rechte Motivation für diese Übung aufkommen.

2. Gehen Sie mit Ihrer Aufmerksamkeit an den Steg zwischen den Nasenlöchern, wo der Atem vorbeistreicht, oder in Ihren Bauch, und atmen Sie natürlich ein und aus.

3. Atmen Sie bewußt einige Male tief ein, aber ohne Anstrengung. Verstärken Sie einfach leicht die Atembewegung, um die Empfindungen, auf die Sie Ihre Aufmerksamkeit richten, deutlicher zu machen.

4. Jetzt überlassen Sie den Atem seinem eigenen natürlichen Rhythmus. Lassen Sie Ihren Körper atmen, ohne sich einzumischen. Der Atem kommt und geht, Sie lassen ihn mühelos aus- und einströmen und halten Ihr Bewußtsein ganz bei diesem Prozeß.

5. Ohne zu schwanken fließt Ihre Aufmerksamkeit mit dem wechselnden Rhythmus des Ein- und Ausatmens mit. Jedesmal, wenn sie abschweift oder sich zerstreut – und das wird oft geschehen – bringen Sie Ihre Aufmerksamkeit sanft, aber bestimmt zum Atmen zurück.

Anfangs kann es hilfreich sein, die Atemzüge beim Ausatmen zu zählen. Wenn Sie bei zehn sind, fangen Sie wieder von vorne an. Schweift Ihre Aufmerksamkeit ab oder läßt nach, so beginnen Sie wieder bei eins. Das Ziel ist nicht, irgendwo anzukommen, sondern ganz und gar präsent zu sein, einen Augenblick nach dem anderen.

Lassen Sie sich nicht entmutigen, wenn Ihr Geist abschweift und ohne Schärfe ist. Damit müssen Sie rechnen. Durch Übung werden Sie immer schneller merken, wann Ihre Aufmerksamkeit abschweift, und Sie zum Atem zurückbringen. Allmählich stabilisiert sich Ihre Konzentration, und Sie werden fähig, ohne Unterbrechung beim Gegenstand Ihrer Konzentration zu bleiben, auch wenn immer noch Assoziationen auftreten. Sie werden dann Ihre durchdringende Aufmerksamkeit ohne Unterbrechung und Ablenkung auf jedes beliebige Feld der Wahrnehmung oder Kontemplation richten können.

Die durchdringende und erleuchtende Kraft des Geistes ähnelt in ihrer ungeteilten Zielgerichtetheit einem Laserstrahl, während unser gewöhnlicher, zerstreuter Bewußtseinszustand einer flackernden Kerze gleicht. Diese geistige Kraft und Klarheit ist eines der wichtigsten Werkzeuge, die ein Mensch in sich entwickeln kann.

4 Reinigendes Atmen

Setzen Sie sich bequem hin, entspannen Sie sich und richten Sie Ihre Aufmerksamkeit auf Ihren Atem. Beim Ausatmen lassen Sie all die negative Energie, von der Sie frei sein möchten, los, so daß sie sich natürlich auflösen kann. Beim Einatmen lassen Sie sich von all den positiven Qualitäten anfüllen, deren Energie Sie sich wünschen. Das Einatmen ist ein natürlicher Reflex auf das tiefe Ausatmen.

Denken Sie an das Wort, welches die Qualität ausdrückt, die in Sie einströmen soll – zum Beispiel *Entspannung, Harmonie, Gleichgewicht, Energie, Frieden, Geduld*. Stellen Sie sich diese besondere Qualität als leuchtende Energie vor, die mit dem Einatmen in Ihnen aufsteigt, Sie erfüllt, durch Sie hindurchfließt und Ihren Geistkörper völlig durchtränkt. Erlauben Sie dieser leichten, lichten Energie Ihre negativen Geisteszustände, Ihre Spannungen oder Ihren Schmerz aufzulösen, so daß die natürliche Vitalität in Ihnen lebendig werden kann.

Beim Ausatmen sagen Sie sich *auflösen, schmelzen, freisetzen oder loslassen*. Sie spüren, wie die Spannungen, Gedanken, Sorgen und Schmerzzustände des Geistkörpers von Ihnen abfließen und zerschmelzen.

Atmen sie langsam und behutsam aus und lassen Sie dann den Atem natürlich und ohne Anstrengung in sich einströmen.

Legen Sie Ihre Hände auf Ihren Bauch und atmen Sie ruhig in Ihre Hände hinein. Mit dem Atemfluß hebt und senkt sich Ihr Bauch. Machen Sie das einige Minuten lang.

Hat sich Ihr Bauch gerade ausgedehnt, lassen Sie Ihren Atem wie eine Luftblase in die Mitte Ihrer Brust steigen. Atmen Sie durch ein imaginäres Loch im Zentrum Ihrer Brust aus und erlauben Sie Ihrem Herzen, sich zu öffnen...

In die Hände atmen... die Luft aufsteigen lassen und das Herz damit anfüllen... Das Herz öffnen... ausatmen... öffnen und loslassen.

5 Bauchatmung

Wenn wir im Streß sind, atmen wir meistens kurz und flach und dehnen dabei nur die Brust aus. Diese Thoraxatmung ist nicht besonders effektiv. Sie verhindert nicht nur, daß sich die Lungen richtig füllen und entleeren, sondern erhöht auch die Muskelspannungen.

In Streßsituationen ist es besonders wichtig, mit dem Bauch und nicht nur mit der Brust zu atmen. Bauchatmung entspannt die Muskeln, massiert die inneren Organe und vitalisiert den Körper durch die Zufuhr von Sauerstoff.

Bewußtes Bauchatmen ist vor allem dann angebracht, wenn Sie sich angespannt oder ängstlich fühlen, Sie Ihrem Körper Energie zuführen oder Ihren Geist zur Ruhe bringen wollen. Schon einige wenige volle Atemzüge wirken wunderbar beruhigend und fallen bei einer Sitzung oder einem Telefongespräch keinem auf. Dieses einfache Vorgehen ist *sehr* wirksam:

1. Setzen Sie sich bequem hin, mit aufrechter Wirbelsäule.

2. Atmen Sie vollständig aus.

3. Atmen Sie langsam ein, indem Sie die Luft in Ihre Nase strömen lassen. Dabei weiten Sie Ihren Bauch aus, als wäre er ein Ballon, der aufgeblasen wird. Bewegen Sie Ihre Brust so wenig wie möglich.

4. Wenn Ihr Bauch ausgedehnt ist, erweitern Sie Ihre Brust mit Luft. Dadurch füllt sich der mittlere Teil Ihrer Lungen.

5. Ihr Bauch senkt sich jetzt ein wenig, und Ihre Schultern und Schlüsselbeinknochen heben sich leicht nach oben. So füllt sich der obere Teil Ihrer Lungen.

6. Halten Sie Ihren Atem ungefähr fünf Sekunden an. Jetzt sind Ihre Lungen ganz und gar gefüllt.

7. Atmen Sie nun langsam durch die Nase aus und lassen Sie Ihren Bauch wieder einsinken. Dadurch hebt sich Ihr Zwerchfell, so daß sich die Lungen entleeren. Durch richtiges Ausatmen entledigt sich der Körper der verbrauchten Luft und schafft Platz für frische Luft.

(Es kann vorkommen, daß Sie dabei etwas schwindelig werden. Wenn Sie jedoch mit der Technik vertraut geworden sind, werden Sie mühelos auf diese Weise atmen können.)

6 Atmen in neun Schritten

Die folgende Atemtechnik oder Abwandlungen davon sind als Vorstufe der Meditation empfehlenswert. Es handelt sich um wechselweises Ein- und Ausatmen durch das linke und rechte Nasenloch. Sie können das eine Nasenloch entweder mit dem Daumen oder Zeigefinger zuhalten, oder sich einfach auf das Nasenloch, durch das Sie atmen, konzentrieren. Atmen Sie nicht krampfhaft und halten Sie Ihren Atem nicht an, Sie lassen ihn einfach tief und langsam in seinem natürlichen Rhythmus fließen.

1. Atmen Sie rechts ein und links aus (jeweils dreimal).

2. Atmen Sie links ein und rechts aus (jeweils dreimal).

3. Atmen Sie durch beide Seiten ein und aus (jeweils dreimal).

Stellen Sie sich bei jedem Einatmen vor, daß Sie reine, klare, vitale Energie in der Form von Licht einsaugen. Dieses Licht lassen Sie in der Vorstellung durch sich hindurchfließen, so daß es Ihren grob- und Ihren feinstofflichen Körper reinigt. Wenn Sie nicht mehr wissen, wo Sie sind, dann fangen Sie wieder von vorne an. Haben Sie sich einmal mit dieser Technik vertraut gemacht, dann wird es genügen, wenn Sie dieses Atemmuster nur visualisieren, um in den Genuß seiner harmonisierenden Wirkung zu gelangen.

Sollten Sie aufgrund von Allergien oder Schnupfen Schwierigkeiten haben, durch die Nase zu atmen, dann wirkt es manchmal heilsam auf die Stirn- und Kieferhöhlen, wenn Sie sich nur vorstellen, daß der Atem in dieser Weise durch die Nasenlöcher fließt.

Um den Geistkörper in größere Harmonie zu bringen, hilft außer der Vorstellung, reines, weißes Licht einzuatmen, auch die folgende Visualisierung:

1. Stellen Sie sich beim Ausatmen durch das linke Nasenloch vor, daß Sie all Ihre Verhaftungen und Ihr Streben nach Ideen, Gegenständen, Wahrnehmungen oder Geisteszuständen ausatmen. Visualisieren Sie diese als dunkelrot.

2. Beim Ausatmen durch das rechte Nasenloch stellen sie sich vor, daß die Luft all Ihren Ärger, Ihren Groll und Ihre Frustration fortträgt. Visualisieren Sie diese als Rauch.

3. Beim Ausatmen durch beide Nasenlöcher stellen Sie sich vor, daß Sie all Ihre Verwirrung, Ihre Unwissenheit, Ihren Stolz und sonstige Geisteshaltungen ausatmen, welche die Wahrnehmung und das Verständnis Ihrer wahren Natur und der Sie umgebenden Welt verdunkeln. Visualisieren Sie diese als Dunkelheit.

Bei jedem Einatmen atmen Sie Licht ein. Beim Ausatmen löst sich alle Dunkelheit und Stumpfheit des Geistes im Raum auf, atomisiert sich und verschwindet ganz. Diese Technik ist besonders gut dazu geeignet, mehrmals täglich angewandt zu werden, wann immer Ihr Geist Klarheit und Konzentration braucht. (Siehe: Einfluß des Atems auf die zwei Gehirnhälften, S. 144).

7 Die Praxis der Kontemplation

»Wenn wir Gott entdecken, entdeckt Gott eigentlich uns. Wir erkennen ihn insoweit, als Er uns erkennt, und schauen wir ihn, so nehmen wir teil an Gottes Schau Seiner selbst. Wir werden Kontemplative, wenn Gott sich selbst in uns entdeckt. In diesem Augenblick öffnet sich der Punkt, an dem wir Gott berühren, und wir treten durch das Zentrum unserer Seele hindurch in die Ewigkeit ein.«

THOMAS MERTON

Wenn Sie religiös orientiert sind, dann entwickeln Sie Ihre Konzentrationskraft vielleicht am besten mit Hilfe einer bildlichen oder plastischen Abbildung von Jesus, Maria, Buddha, einem großen Heiligen oder Lehrer. Ein solches Bild oder heiliges Symbol zu betrachten oder zu visualisieren, oder ein Gebet oder Mantra zu rezitieren, könnte eine wirksame Methode sein, um Ihren Geist zu sammeln und in einen ruhig-konzentrierten Zustand zu bringen.

1. Wählen Sie einen Gegenstand aus, der für Sie besondere Bedeutung hat.

2. Geben Sie sich diesem Gegenstand in der von Ihnen gewählten Zeitspanne ganz hin, mit Körper und Geist.

3. Wann immer Ihr Geist abschweift, bringen Sie ihn sanft zurück.

4. Wenn Sie aufhören, entspannen Sie sich, lassen Freude in sich aufsteigen und danken.

5. Lassen Sie diese Ruhe und Klarheit in Ihre nächste Tätigkeit einfließen.

Lassen Sie sich tief in die Kontemplation ein. Ihr Geist ruht auf dem Gegenstand Ihrer Betrachtung, entspannt und wach. Beim Ein- und Ausatmen spüren Sie einen Energie- und Informationsfluß zwischen sich und dem Wesen Ihres Gegenstandes der Kontemplation. Versenken Sie sich ganz darin, so daß Sie vom Wesen dieses Bildes durchdrungen werden und es sich Ihnen offenbart. Sie erfahren die innerste Wahrheit dieses Bildes, Mantras, heiligen Symbols oder Gebets im Resonanzkörper Ihrer Seele.

»Das schönste und tiefste Gefühl, das wir erleben können, ist die Empfindung des Mystischen. Sie ist die Quelle aller wahren Wissenschaft. Wem dieses Gefühl fremd ist, wer nicht mehr staunen und nicht mehr in Ehrfurcht versinken kann, der ist so gut wie tot. Zu wissen, daß das, was für uns undurchdringlich ist, wirklich existiert und sich als höchste Weisheit und strahlende Schönheit manifestiert, von unseren stumpfen Sinnen nur in primitivster Form erfaßt – dieses Wissen, dieses Gefühl ist der Kern wahrer Religiosität. Meine Religion besteht in bescheidener Ehrfurcht vor dem Höheren, das sein Licht in den kleinsten Details offenbart, die wir mit unserem schwachen, zerbrechlichen Geist wahrnehmen können. Die tiefe Überzeugung, daß es eine übergeordnete Vernunft gibt, deren Kraft sich im unermeßlichen Universum offenbart, bildet meine Idee von Gott.«

ALBERT EINSTEIN

8   Sphären des Geistes

»Vor mir Frieden
Hinter mir Frieden
Unter mir Frieden
Über mir Frieden
Um mich Frieden«

NAVAJO

Setzen Sie sich bequem hin, mit aufrechtem Rücken und entspanntem Körper. Folgen Sie mit Ihrer Aufmerksamkeit einige Minuten lang Ihrem Atem oder machen Sie die Atemübung in neun Schritten (s. Kap. 6).

Mit geschlossenen oder leicht geöffneten Augen greifen Sie vor sich in den Raum hinein und stellen sich vor, daß Sie einen Ball fangen, der nun auf Ihrer Handfläche ruht. Diesen imaginären Ball bringen Sie näher an sich heran und lassen ihn in seiner Form und Größe so lebendig werden wie möglich. Nun stellen Sie sich vor, daß sich dieser Ball augenblicklich in strahlend-weißes Licht verwandelt, dreidimensional, durchsichtig und bar jeder Stofflichkeit. Von dieser Lichtkugel strahlt Ruhe und Wohlbefinden aus. Mit dem Atem bewegt sich diese Kugel ins Zentrum Ihrer Brust. Verweilen Sie hier mit Ihrer Aufmerksamkeit, ohne Anstrengung. Wann immer sie abschweift, kehren Sie zur Visualisierung einer strahlenden Kugel im Zentrum Ihrer Brust zurück.

Sollten Sie sich bei dieser Vorstellung in der Brust beengt fühlen oder Ihren Geist nicht zur Ruhe und Konzentration bringen können, dann versuchen Sie es mit folgender Abwandlung:

Formen Sie das Bild einer strahlenden Sphäre im Zentrum Ihrer Brust. Orientieren Sie sich geistig nach Osten, unabhängig davon, wie Sie gerade sitzen. Stellen Sie sich vor, daß diese

Kugel oder Späre aus Ihnen herausschießt weit hinter den östlichen Horizont, bis zu einem Ort, der Hunderte, Tausende oder Millionen von Kilometern entfernt ist. Lassen Sie Ihren Geist dort in der Tiefe des Raumes zur Ruhe kommen. Sie erfahren die Freiheit des Geistes, der sich grenzenlos ausdehnen kann.

Verliert Ihr Geist das Interesse und schweift ab, dann lassen Sie wieder das Bild der strahlenden Kugel in Ihrer Brust lebendig werden. Diesmal gehen Sie mit Ihrer Aufmerksamkeit an den westlichen Horizont hinter sich und stellen sich lebhaft vor, daß Sie die Kugel unendlich weit in diese Richtung aussenden. Lassen Sie Ihren Geist dort ruhen. Wenn er abschweift, kommen Sie wieder zu dem Bild in Ihrem Herzen zurück.

Nun schicken Sie die Geistkugel in die südliche Richtung zu Ihrer Rechten. Sie sehen die Kugel Tausende oder Millionen Kilometer entfernt im Raum schweben und Licht ausstrahlen, begleitet von Ihrem Geist in schwereloser Konzentration. Läßt Ihre Aufmerksamkeit nach, so kehren Sie wieder zurück und richten sie diesmal auf die Lichtkugel über dem nördlichen Horizont zu Ihrer Linken. Verweilen Sie in jeder Phase dieser Visualisierungsübung, so lange es Ihnen angenehm ist.

Traditionsgemäß würden Sie jetzt den Raum weiter unterteilen, vor und hinter Ihnen halb rechts und halb links, und sogar hoch über und tief unter Ihnen. Dabei ruht der Geist immer auf dieser leuchtenden Sphäre, einer Schöpfung Ihres Geistes in den tiefsten Tiefen des Raumes. Nehmen Sie sich die Zeit, die Sie brauchen, um das grenzenlose Wesen Ihres Geistes zu erfahren. Zuletzt dehnen Sie Ihren Geist so weit aus, daß er all die Sphären, die Sie in die verschiedenen Richtungen des Raumes ausgesandt haben, umfaßt, auch jene in der Mitte Ihrer Brust. Sie erleben, wie Ihr Geist mühelos den Raum durchstrahlt.

Durch den Richtungswechsel bei dieser Methode bekommt die Übung einen frischen und spielerischen Charakter. Wechseln Sie die Richtungen deswegen rechtzeitig, noch bevor Sie das Interesse an einer Richtung verloren haben. Die Übung hat einen doppelten Zweck: Zum einen die Sammlung und Stabilisierung Ihres Geistes; zum anderen die Erfahrung der offenen, lichtvollen, ungehemmten Natur Ihres Geistes. Wie könnte Ihr Geist in die Unendlichkeit hinaus reichen, wenn er in seiner Reichweite begrenzt wäre?

Ihr Geist, ausdehnungsfähig, licht und wissend, ist nicht an die gewöhnlichen Grenzen Ihres Körpers und Ihrer Sinne gebunden. Er kann sich in jede Richtung und in alle Richtungen gleichzeitig im Nu ausdehnen. Diese Methode dient dazu, die falschen Wahrnehmungen in der gewöhnlichen, begrenzten Welt unserer Sinne aufzulösen. Versuchen Sie, diese geistigen Streckübungen mehrmals täglich zu machen.

»Zuerst hat der Meditierende das Gefühl, als stürze
sein Geist wie ein Fluß eine Schlucht hinab
in der Mitte fließt er langsam dahin
in sanften Mäandern wie der Strom Ganges
und schließlich vereinigt er sich mit dem
unermeßlichen Meer, wo das Licht des Sohnes
(Selbst) und der Mutter (Wesensgrund)
ineinander verschmelzen.«

TILOPA

9 Konzentration auf einen Gegenstand

»Blitzartig stand der gewaltsame Geist still. Sowohl das Innen wie das Außen ist durchsichtig und klar. Nach dem großen Purzelbaum bricht die große Leere durch. Oh wie frei die zahllosen Formen der Dinge kommen und gehen!«

HAN SHAN

Viele haben schon in der Natur einen Zustand tiefer Konzentration erlebt. Versunken in die Betrachtung eines Sonnenaufgangs oder eines fließenden Baches, von Regentropfen auf dem Wasserspiegel, einer Blume oder einer Wolke, ist unser Geist klar, ruhig und tief geworden. Ein andermal hat uns das Zirpen von Grillen, das Tosen sich brechender Wellen oder das Murmeln eines Baches in einen Zustand ruhiger Sammlung versetzt.

1. Wählen Sie einen natürlichen Gegenstand oder Prozeß, auf den Sie sich konzentrieren wollen.

2. Wenden Sie sich ihm voll und ganz zu.

3. Öffnen Sie sich und lassen Sie sein Licht, seinen Ton, seine Schwingung, sein Leben in sich ein.

4. Öffnen Sie Ihr Herz und Ihren Geist, um ihn zu umfangen und von ihm durchdrungen zu werden.

5. Lassen Sie sich über die Betrachtung, das Lauschen oder Empfinden in einen Zustand ruhiger Einheit mit dieser Manifestation der Natur führen, so daß sich Ihnen ihr Wesen und ihre verborgenen Qualitäten offenbaren können.

»Das Staunen beruht auf der Einsicht, daß unser Intellekt, ein begrenztes und endliches Instrument der Information und des Ausdrucks ist, dem bestimmte praktische Anwendungen vorbehalten sind, das aber nicht geeignet ist, die Vollständigkeit unseres Seins zu erfassen ... Wir kommen hier in direkten Kontakt mit einer Realität, die vielleicht unseren Intellekt außer Gefecht setzt, die uns aber in einen Zustand des Staunens versetzt, von dem aus sich der Weg ins innere Heiligtum unseres Geistes öffnet, dem Mysterium von Leben und Tod, und darüber hinaus in die Fülle und Leere des inneren Raumes. Von diesem inneren Raum leiten wir unsere Vorstellung eines äußeren Universums ab, das wir dann irrtümlich für die einzig echte Realität halten. Mit anderen Worten: Unsere Realität ist unsere eigene Schöpfung, die Schöpfung unserer Sinne und unseres Geistes, und beide sind von der Ebene und den Dimensionen unseres gegenwärtigen Bewußtseinszustandes abhängig.«

LAMA GOVINDA

10   Konzentration beim Gehen

»Man kann mit einer reinen Konzentrationsübung beginnen und dann zur Wahrnehmung des Prozesses übergehen. Manche Lehrer fangen gerne mit einer Konzentrationstechnik an, damit der Meditierende seinen umherschweifenden, undisziplinierten Geist zur Ruhe bringen kann. Später lenken sie diese Konzentration auf den Prozeß des Geistkörpers, um Weisheit zur Entfaltung zu bringen. Andere Lehrer versuchen gleich mit der Beobachtung des Prozesses zu beginnen, indem sie die Aufmerksamkeit auf den Wechsel der Empfindungen, Gefühle und Gedanken richten. Aber auch dieser Ansatz muß sich erst der Ausbildung geistiger Fähigkeiten wie Ruhe und Konzentration annehmen, bevor sich Einsicht entwickeln kann. Buddha lehrte beides zu verschiedenen Zeiten, je nach den Bedürfnissen seiner Schüler. Wir verbringen täglich einen erheblichen Teil unserer Zeit mit Gehen. Diese Technik kann uns dabei helfen, das Gehen als ein Mittel zur Entwicklung unserer Konzentration zu nutzen.«

JACK KORNFIELD

1. Zählen Sie Ihre ersten fünf Schritte.

2. Beim nächsten Schritt fangen Sie wieder mit eins an und zählen sechs Schritte.

3. Und wieder fangen Sie bei eins an und zählen sieben Schritte.

4. Zählen Sie in dieser Weise weiter, bis Sie bei zehn sind.

5. Jetzt fangen Sie wieder von vorne an und zählen fünf Schritte . . . bis Sie wieder bei zehn sind.

6. Wiederholen Sie diese Sequenz, so oft sie wollen.

Wenn Sie den Faden verlieren, und das wird sicher vorkommen, dann fangen Sie wieder mit den ersten fünf Schritten an.

Wenn Sie mit dem rechten Fuß beginnen, dann ist bei fünf und sechs Schritten der rechte Fuß vorne, bei sieben und acht der linke, und bei neun und zehn wieder der rechte. Nun fängt der linke Fuß an, und das Muster kehrt sich um.

»Vergiß nicht . . .
Wenn du gehst, dann geh.
Wenn du rennst, dann renn.
Komm nur ja nicht ins Schwanken.«

ZEN-GEDICHT

Teil Drei
Meditation

»Meditation öffnet den Geist des Menschen für das größte Mysterium, das sich täglich und stündlich ereignet; sie weitet das Herz, so daß es mit jedem Schlag der Ewigkeit der Zeit und der Unendlichkeit des Raumes inne wird: sie schenkt uns inmitten der Welt ein Leben, als würden wir uns im Paradies bewegen; und all diese spirituellen Taten sind möglich ohne Flucht in eine Doktrin, sondern einfach durch das direkte Festhalten an der Wahrheit in unserem innersten Sein.«

SUZUKI ROSHI

Was ist Meditation?

Im Kern jeder großen religiösen Tradition gibt es eine Weisheits-
schule der Transformation. Während die exoterischen religiösen Lehren Richtlinien und Beispiele für die äußere Lebensfüh-
rung geben, haben die mehr psychologisch und meditativ aus-
gerichteten esoterischen Schulen zu allen Zeiten praktisches
und systematisches Wissen vermittelt, wie Geist und Gefühl
transformiert und zur Reife gebracht werden können.

In den westlichen Kulturen sind die meisten derartigen Traditionen ausgestorben. In vielen östlichen Kulturen konnten diese Lehren jedoch in einer Umgebung gedeihen, die großen Wert
auf die Erforschung und Entfaltung des menschlichen Potentials legte und die Entwicklung und Reifung der im Menschen
angelegten Kraft, Weisheit und Liebe förderte.

Heute, wo unser Staatsorakel Wissenschaft den Nutzen der
Meditation als Mittel gegen den epidemischen Streß des modernen Lebens entdeckt hat, erleben wir eine weltweite Renaissance der Meditationstechniken. In den letzten zehn Jahren haben sie in die verschiedensten Bereiche der Arbeitswelt Eingang
gefunden.

Viele Menschen werden heute in höchst wirksame geistige
Methoden der Persönlichkeitstransformation eingeführt – Entspannung, Visualisierung, Konzentrationstraining oder Meditation – die in alten Traditionen lange Zeit geübt und oft ge-
heimgehalten wurden.

Diese Entwicklung wird manchmal mit dem Übergang von
der linken zur rechten Gehirnhälfte in Zusammenhang gebracht, oder mit der Begegnung des östlichen und westlichen
Wertsystems. Für unsere Zwecke hier wollen wir Meditation als
Mittel betrachten, mit dessen Hilfe wir vom Leid unserer persönlichen und planetaren Zersplitterung zum direkten, intuitiven Verstehen unserer Ganzheitlichkeit und unseres Potentials
als Menschen gelangen können.

Meditative Techniken sind Methoden des geistigen Trai-
nings. Ihr Zweck ist ein zweifacher: 1. Die *bewußte Ausbildung*
geistiger Qualitäten, welche unser Verstehen, unsere Kraft und
unsere Liebe wachsen lassen und 2. die *Arbeit an der Transformation* jener Geisteszustände, die diese Qualitäten blockieren.

Eine Person, die sich in den Traditionen der inneren Wissenschaften gut auskennt, verfügt über eine ganze Apotheke meditativer Mittel, mit denen störenden Geisteszuständen entgegengewirkt und förderliche Geistesverfassungen hergestellt werden können. Gelingt es uns, zum Meister unseres Geistes zu werden, so kann es nicht ausbleiben, daß wir auch zum Meister unserer körperlichen und verbalen Äußerungen und unserer Beziehungen zur Welt werden.

»Die Entscheidungen im Leben eines Meditierenden sind sehr einfach: Tu die Dinge, die dein Gewahrsein fördern, und unterlasse jene, die es hindern.«

SUJATA

Heute wird die Meditation als ein Weg zum Training und zur Disziplinierung der *Aufmerksamkeit* gesehen. Die meisten von uns haben sehr wenig oder gar keine Kontrolle über die Aufmerksamkeit, die wir einem Ereignis oder einer Erfahrung schenken. Sie wird zwanghaft von jenen sinnlichen und geistigen Erfahrungen angezogen, die uns Genuß bereiten, und von jenen abgestoßen, die uns unangenehm sind oder uns verletzen. Selbst das Genießen fällt uns schwer. Haben Sie sich nicht auch schon auf ein Essen gefreut, von dem Sie dann kaum einen Bissen geschmeckt haben, weil Sie so abgelenkt waren, oder ein Kino oder Konzert besucht, von dem Ihnen ganze Teile entgangen sind, weil Ihre Aufmerksamkeit abgeschweift ist in Fantasien, Sorgen oder Schlaf?

Indem Sie Ihren Geist durch Meditation trainieren, werden Sie lernen, jeden Augenblick präsent zu sein. Es wird auch dann unweigerlich Ablenkungen geben, aber durch Übung lernen wir, wachsam zu sein, sie schnell zu erkennen und uns von ihnen nicht mitreißen zu lassen.

Es gibt Tausende von Meditationstechniken aus vielen verschiedenen Traditionen, aber sie alle können drei Kategorien oder einer Kombination aus diesen zugeordnet werden: *1. Konzentration, 2. Rezeption* und *3. Reflexion.*

Bei einer auf *Konzentration* gerichteten Meditation besteht das Ziel darin, die Aufmerksamkeit wie einen Lichtstrahl ohne Unterbrechung auf einen Gegenstand oder eine Aktivität zu lenken.

Dazu gehören üblicherweise die Konzentration auf den eigenen Atem, Rituale oder japanische Kampfsportarten, ein Mantra oder Gebet, die Visualisierung eines Bildes oder die Kontemplation einer geistigen Eigenschaft. Der Meditierende wendet sich dem Gegenstand der Konzentration entspannt, aber doch fest zu, und wann immer seine Aufmerksamkeit abschweift, wird sie sofort wieder zurückgeholt.

Es wird geistige Stabilität, Wachheit und die Fähigkeit geschult, den Geist gebündelt auf etwas zu richten. Sie lernen, innere Vorgänge schnell wahrzunehmen, so daß Sie gegen Ablenkungen gefeit sind, und stärken Ihren Willen und Ihre Entschlußkraft.

Bei der *Rezeptiven Meditation* geht es um die Entwicklung urteilslosen Gewahrseins von allem, was sich im Bereich unserer Erfahrung ereignet. Zu dieser Kategorie gehören folgende Arten der Meditation: Zen, Mahamudra, Achtsamkeit, urteilsloses Gewahrsein, Selbst-erinnern und das Herzensgebet.

Staunend versunken in der Betrachtung des Nachthimmels, oder ergriffen vom Tönen der Stille . . . jeder von uns hat schon spontan flüchtige Momente dieses meditativen Gewahrseins erlebt. Rezeptive Meditation stärkt in uns die Fähigkeit zu staunen und uns ergreifen zu lassen; mühelos und präzis nehmen wir mit allen Sinnen die Gesamtheit unserer Erfahrung wahr, so wie sie sich von Augenblick zu Augenblick entfaltet.

Im Zusammenspiel von Konzentration und rezeptiver Meditation entwickeln Sie die Fähigkeit, das Wesen Ihrer Erfahrungen zu ergründen und intuitiv zu verstehen. Diese Erkenntniskraft kann angewandt werden, um die subtile Quantendynamik der Welt zu verstehen, und die Natur Ihres eigenen Geistes, der diese Welt wahrnimmt. Sie werden erkennen, daß alle Dinge dynamisch miteinander vernetzt sind, und sich selbst ganz natürlich als Teil des Ganzen erfahren.

Bei der Übung der *reflexiven* oder *analytischen Meditation* wenden Sie sich einer Frage oder einem Prinzip, einer Idee oder einer Erfahrung durch Reflexion, Analyse oder Kontemplation zu. Diese Art der Meditation wird angewandt, um den Sinn von Leben und Tod, Beziehung und Verantwortung für die Welt zu ergründen, oder um Eigenschaften wie Vertrauen, Geduld, Beständigkeit und zentrierte Geistesstärke zu entwickeln.

In unserem täglichen Leben und in der Arbeit dient uns die reflexive Meditation als wirksame Methode, unsere Aufmerksamkeit auf persönliche oder berufliche Fragen zu richten, um zu einer kreativen Idee oder Lösung zu gelangen. Reflexive Meditation kann dem Meditierenden auch dabei helfen, Hindernisse, die sich ihm in der konzentrativen oder rezeptiven Meditation stellen mögen, zu verstehen und zu überwinden.

Bevor Sie mit rezeptiver oder reflexiver Meditation beginnen, sollten Sie einige Minuten damit verbringen, Ihre Aufmerksamkeit mit Hilfe einer Konzentrationstechnik zu stabilisieren und mit Energie aufzuladen, so daß sich Ihr Geist sammelt und lichtet.

Anhaltspunkte für die Praxis der Meditation

1. Ein sauberer und ordentlicher Raum

Schaffen Sie sich einen besonderen Raum, sei es ein eigenes Zimmer oder eine Ecke, den Sie nur zur Meditation benutzen. Darin sollten nur solche Gegenstände sein, die Sie in der Meditation unterstützen. Geben Sie ihnen einen schönen Platz. Diese Bilder und Gegenstände verkörpern Eigenschaften des Herzens und des Geistes, die Sie entwickeln wollen, und spenden Ihnen Energie.

Halten Sie diesen Raum sauber und ordentlich, als würden Sie immer einen besonderen Gast erwarten. Treten Sie mit Respekt ein und lassen Sie sich vom Frieden und der Schönheit des Ortes einstimmen.

2. Die richtige Haltung

Unsere Haltung und körperliche Verfassung haben direkte Auswirkungen auf unseren Geisteszustand. Es ist deswegen ganz besonders wichtig, während der Meditation bequem zu sitzen, mit aufrechter Wirbelsäule und entspanntem Körper. Am Anfang stören Sie vielleicht Spannungen, Schmerzen oder Unruhe und Sie sind nicht in der Lage, eine angenehme Position zu finden. In diesem Fall sollten Sie vor dem Sitzen einige Minuten lang Dehnungs- oder Yogaübungen machen.

Sie können sich auf einen Stuhl setzen oder auf den Boden. Dabei sind die Unterschenkel gekreuzt und die Knie ruhen auf dem Boden. Wenn Ihnen das Schwierigkeiten macht, dann beginnen Sie jede Sitzung mit Dehnungsübungen und setzen sich dann in diese Position.

Verlängern sie die Zeitspanne jeden Tag ein wenig, in dem Maß, wie sich die Muskeln dehnen. Es ist wichtig, daß das Gesäß höher ist als die Knie. Versuchen Sie es mit verschieden hohen Kissen, bis Sie bequem sitzen.

Sie können auch mit Hilfe einer kleinen Meditationsbank oder eines Kissens, das Sie zwischen die Beine stecken, in einer knienden Haltung meditieren; oder auch im Liegen, aber das ist nicht empfehlenswert, wenn Sie leicht einschlafen.

Welche Position Sie auch wählen, denken Sie daran, daß Kopf und Wirbelsäule so gerade wie möglich sein müssen, damit Ihr Geist wach bleibt. Durch Übung lernen Sie, beim Stehen, Liegen oder Gehen eine meditative Geisteshaltung einzunehmen.

3. Entspannung und Wachheit

Wir kennen alle das Kontinuum von der Tiefentspannung im Schlaf bis zur Hyperaktivität. Im allgemeinen erleben wir tiefe Entspannung ohne geistige Wachheit, schlaff und in einem traumähnlichen Zustand. Auf der Höhe der Aktivität sind wir meist körperlich äußerst gespannt und geistig erregt. Beide Extreme sind weit vom entspannten und doch wachen, freudigruhigen Zustand des meditativen Gleichgewichts entfernt.

Bei der Meditation kommt es darauf an, dieses dynamische Gleichgewicht zwischen übermäßiger Aktivität – das heißt Zerstreutheit – und übermäßiger Entspannung – das heißt Stumpfheit – zu finden. Anfangs verbringen Sie vielleicht einen Gutteil Ihrer Übungszeit damit, diese Balance zu finden, indem Sie den Geist immer wieder von Zerstreutheit oder Schläfrigkeit in einen Zustand entspannter Wachheit zurückführen. Allmählich wird Ihnen dieser Zustand vertraut werden. Während Ihrer Meditationsphasen werden Sie tief entspannt sein und gleichzeitig wach und hell, und in Ihrem täglichen Leben werden Sie feststellen, daß sich Ihre Konditionierungen und Blockierungen aufzulösen beginnen. Sie werden angemessener auf die Herausforderungen des Augenblicks reagieren können, mit mehr Kreativität und Einfühlungsvermögen.

4. Konzentration

Konzentration ist die Grundlage der Meditation. Welche Technik es auch sein mag, man muß fähig sein, die Aufmerksamkeit auf den Gegenstand der Meditation zu richten und dort zu halten. Durch geduldige Übung gewinnt der Geist an Ruhe und Kraft und kann sich jeder Aufgabe mit Genauigkeit und Verstehen zuwenden.

Wie in Teil zwei erläutert wurde, kann jeder Gegenstand und jede Aktivität zur Entwicklung der Konzentrationsfähigkeit dienen. Bei allen nun folgenden Meditationsübungen gilt ein Prinzip: Wann immer Ihr Geist abschweift, bringen Sie ihn einfach zum Gegenstand Ihrer Meditation zurück.

Es ist empfehlenswert, jede Meditationssitzung mit einer kurzen Konzentrationsübung zu beginnen, insbesondere einer Atemtechnik.

5. Gedanken zur Intensivierung der Meditation

Bedenken Sie, welch kostbare Gelegenheit uns die menschliche Existenz bietet. Durch Meditation können wir unser enormes Potential verwirklichen und zum Ausdruck bringen. Das ist ein großes Geschenk.

Bedenken sie die Vergänglichkeit. Was geboren wurde, wird sterben, was in Erscheinung tritt, wird wieder verschwinden. Nur eine Ausnahme gibt es: der offene, klare, unbegrenzte geistige Raum. Wenn uns das klar wird, dann verstehen wir, daß nichts wichtiger ist als der Geist. Es wird uns bewußt, daß wir nicht wissen, wieviel Zeit wir haben, um die geistige Welt zu erkennen. Verstehen wir das Gesetz von Ursache und Wirkung, dann erkennen wir, daß wir der Schmied unseres Schicksals sind. Was wir heute erfahren, ist das Ergebnis von dem, was wir früher getan, gedacht und gesagt haben, und was wir jetzt tun, denken und sagen, prägt unsere Zukunft.

Bedenken wir schließlich, warum wir überhaupt mit unserem Geist arbeiten. Das Endergebnis, die Erleuchtung, ist eine Erfahrung, die uns mehr Seligkeit, Intensität und Vollständigkeit bringt, als alles, was wir zuvor je erlebt haben, eine Erfahrung, die uns nie wieder verlorengehen kann. Es gibt unerhört viel Leiden auf der Welt; solange wir selbst keine Klarheit haben, ist unsere Fähigkeit, anderen zu helfen, sehr begrenzt. Für unser eigenes Wohl und das der anderen wollen wir uns jenen anvertrauen, die uns lehren können, unseren Geist zu beherrschen und Weisheit und Liebe in uns wachsen zu lassen.

6. Vertrauen

Aus all diesen Gründen suchen wir Zuflucht vor dem Chaos und der Verwirrung in uns und um uns. Wie ein Kind, das sich zu seiner Mutter flüchtet, oder ein Wanderer, der vor einem Sturm Schutz sucht, so suchen wir einen Hort der Vernunft in einer verrückten Welt.

Wir schenken unser Vertrauen den Lehrern, die uns vorleben, daß es möglich ist, von der geistigen und emotionalen Verwirrung frei zu werden. Wir finden in ihnen Kraft und Führung, denn sie lehren uns, wie wir unseren Geist beherrschen und in unserem Leben Freiheit und Einsicht entwickeln können. Zuflucht finden wir auch in der Gemeinschaft von Freunden und Weggefährten, die wie wir in der Meditation ein Mittel sehen, die Herausforderungen und Chancen des täglichen Lebens für das innere Wachstum zu nutzen.

Wir finden in uns den Keim unseres eigenen Potentials zu tiefer Erkenntnis und echter Güte. Mündliche und schriftliche Lehren richten unseren Geist auf die unaussprechliche Weisheit, die wie die Sonne unsere Herzen erhellt, das Mysterium, das dem Leben vorausgeht und den Tod überdauert. Unsere Weggefährten erinnern uns an all die Menschen, die seit dem Anfang der Zeit nach dieser Erkenntnis gesucht, die Lehren bewahrt und weitergegeben haben.

Meditation geschieht nicht in einem Vakuum ohne Beziehung und Austausch mit anderen, unabhängig davon, ob Sie allein in einer Höhle sitzen, in einem Büro oder in einer Gruppe. Das Gewahrwerden der Verbundenheit mit anderen und mit dem Universum schenkt uns Schutz, inneren Frieden und Inspiration für die Meditationspraxis.

7. Die richtige Motivation

Machen Sie sich am Anfang jeder Sitzung klar, warum Sie meditieren. Warum nehmen Sie sich diese Zeit der Zentrierung und Harmonisierung? Um Schmerzen zu vermeiden? Um glücklich zu sein? Um Frieden zu finden? Um auszuruhen und Kraft zu schöpfen?

Vergessen Sie nicht, daß Sie in Ihrer Umgebung Frieden und Verstehen unmittelbar fördern, wenn Sie selbst Klarheit und geistige Ausgeglichenheit gewinnen. Wenn Sie lernen, gegenüber Menschen und Situationen geduldig zu werden, von denen Sie früher frustriert wurden, dann bereichern Sie das

Universum um Mitgefühl und Verstehen, anstatt Ärger und Verwirrung zu vermehren.

Unsere Absichten kommen wie ein Echo zu uns zurück. Wie oft haben Sie schon erlebt, daß Handlungen, die von Angst motiviert waren, die Paranoia nur vergrößert haben? Und wie oft konnten Sie durch Liebe und Sorge das Herz eines anderen berühren und öffnen? Nicht was Sie tun, sondern wie und warum Sie etwas tun, ist wirklich von Belang. Sie haben immer die Wahl. Gehen Sie weise und schöpferisch damit um.

8. Selbstbeobachtung während der Meditation

Während der Meditation gehen Sie durch verschiedene Phasen. Wenn Sie Ihre Position gefunden haben, stabilisieren Sie Ihre Aufmerksamkeit durch eine kurze Konzentrationsübung. Dann wenden Sie sich der von Ihnen gewählten Meditation zu, sei sie reflektiv oder rezeptiv. Während der ganzen Sitzung sollten Sie Ihre Fähigkeit zur Selbstbeobachtung anwenden, um zu überprüfen, ob Sie noch das tun, was Sie tun wollten. So merken Sie, wenn Ihre Aufmerksamkeit abschweift oder sich zerstreut. Haben Sie Schwierigkeiten, bei der Meditation zu bleiben, und stellen fest, daß Sie dauernd in Assoziationen abdriften, dann sollten Sie noch einmal für einige Minuten eine Konzentrationstechnik anwenden, insbesondere die Atembeobachtung. Kehren Sie dann wieder zu Ihrer Meditation zurück.

9. Zuwendung zu anderen

Nehmen Sie sich am Schluß jeder Sitzung einige Augenblicke Zeit, um die positive Energie, die Sie gesammelt haben, bewußt nach außen zu richten. Senden Sie Wärme, Licht und Liebe in den Raum und stellen Sie sich vor, daß andere davon berührt werden, eine Schwingung, die beruhigt, Kraft spendet, heilt und tröstet. Benutzen Sie Ihre Fantasie! Stellen Sie sich vor, daß Sie ein geistiges Computerspiel spielen. Ihren Freunden, Ihrer Familie, Leuten, die Ihnen gleichgültig sind, ja sogar Ihren Feinden schicken Sie einen Strahl positiver Gefühle. Sie alle wollen, genau wie Sie, glücklich sein, Leiden und Schmerz entgehen und ein erfülltes Leben genießen. Auf diese Weise können Sie selbst ein bißchen mehr Frieden in die Welt bringen.

Meditation ist also kein egoistisches Unterfangen. Vielmehr ist es eine Form, aktiv Verantwortung für andere zu übernehmen und zu einer Quelle positiven Einflusses zu werden. Auch wenn diese Techniken am Anfang mehr Einbildung als Realität zu sein scheinen, werden Sie durch Übung feststellen, daß Sie tatsächlich helfen – sich und anderen.

10. Umsetzung in den Alltag

Durch Meditation können Sie viele Ihrer latenten, positiven Eigenschaften zur Entfaltung bringen. Haben Sie in der kurzen Zeit der Meditation Frieden, Klarheit, Verstehen, Güte und Vitalität in sich gefunden, so geht es jetzt darum, diese Kräfte in dynamisches Handeln umzusetzen.

Lassen Sie diese Gefühle im Alltag immer wieder bewußt in sich lebendig werden. Wenn Sie merken, daß Sie sich hetzen, dann halten Sie innerlich ein und lassen die Harmonie, die Sie vorher in der Meditation erfahren haben, wieder in sich aufkommen. Phasen ruhiger, konzentrierter Meditation sind kostbare Gelegenheiten, mit den positiven Kräften im Innern in Berührung zu kommen, die allmählich ins Alltagsleben einfließen werden.

Sie werden feststellen, daß *jede* Aktivität genutzt werden kann, um den Geist zu trainieren, die Konzentrationsfähigkeit zu stärken, die Bewußtheit zu erweitern und Freundlichkeit gegenüber den Mitmenschen zu praktizieren.

11. Auswahl der Methode

Das Praktizieren der Entspannungs- und Konzentrationstechniken der vorhergehenden Kapitel wird Ihrer Meditation sehr zugute kommen. Nehmen Sie sich zu Beginn jeder Sitzung einige Minuten Zeit für Entspannung und Atemübungen, um Körper und Geist zur Ruhe zu bringen.

Wenn Sie etwas Erfahrung mit Meditation haben, werden Sie jene Methoden auswählen können, die Ihrem Temperament und Ihren Neigungen am besten entsprechen. Jede Technik ist ein Mittel gegen eine spezifische Schwierigkeit und dient der

Stärkung spezifischer Eigenschaften. Wenn Sie sich zum Beispiel häufig ärgern, dann sollten Sie die Meditationen machen, die auf eine Transformation der Gefühle gerichtet sind, das sind die Meditationen 19 bis 26. Wenn Sie an Schmerzen oder Krankheiten leiden, dann sind Körperliche Leere, Geben und Nehmen und die Techniken zur Umwandlung von Schmerz in Teil drei empfehlenswert. Wenn sich Ihr Verstand zu eng auf seine Objekte fixiert, dann werden die Meditationsarten Lauschen, Kontinuum, Innere Beobachtung, Körperliche Leere und Matrix des Geistes dazu beitragen, daß er locker läßt und sich öffnet. Wenn Sie eine religiöse Einstellung haben, dann wird Ihnen die Meditation über den Lehrer und die Praxis der Kontemplation besonders entgegenkommen.

Vertrauen Sie Ihrem Herzen und Ihrer Intuition bei der Auswahl dessen, was Sie brauchen, aber seien Sie sich auch darüber klar, wie wichtig es ist, von einem erfahrenen Lehrer geführt zu werden.

12. Finden des Lehrers

Am besten lernt man etwas, wenn man mit jemandem arbeitet, der darin schon Meister ist. Meditation macht da gewiß keine Ausnahme. Unser Geist kann mit einem Musikinstrument verglichen werden, das die schönste Musik hervorbringen kann, jedoch oft chaotischen Lärm produziert. Wenn wir aufrichtig lernen wollen, gut auf diesem Instrument zu spielen, dann müssen wir bei einem Meister in die Lehre gehen, der dieses Instrument in- und auswendig kennt. Um Klarheit, Gelassenheit, Freude und Liebe in uns zu entwickeln, brauchen wir die Leitung eines Menschen, der die Funktionsweise des Geistes wirklich versteht und weiß, wie er transformiert werden kann.

Wie findet man einen qualifizierten Lehrer? Es ist nicht leicht. Die Eigenschaften, die bei einem Lehrer vorhanden sein sollten, sind Mitgefühl, Wissen und Einsicht, moralische Verantwortung, Aufrichtigkeit und Geschick in der Anwendung der Methoden, sowohl in seiner Lehre wie in seinem persönlichen Leben. Sie sollten dem Lehrer vertrauen und gut mit ihm oder ihr kommunizieren können. Aber Vorsicht, machen Sie sich nicht auf eine hektische Gurujagd! Lassen Sie sich Zeit. Es kann

Jahre dauern, bis Sie der Person begegnen, die Ihre Fragen beantworten und dieser besondere Freund und Lehrer werden kann.

Bis dahin können Sie Meditationen, wie sie in diesem Buch beschrieben sind, üben und sich Rat von jedem Meditierenden holen, der Ihnen vorbildhaft erscheint. Lernen Sie, Ihrer *eigenen* intuitiven Weisheit zu vertrauen, Ihrem *eigenen* inneren Guru, um zu wissen, ob Sie sich auf Ihr Ziel zu oder von ihm weg bewegen.

Ruhig sitzen, nichts tun.
Der Frühling kommt und das Gras wächst von selbst.

Säuglinge und kleine Kinder entdecken Meditationstechniken von ganz allein: den Atem anhalten, den Blick ruhig auf etwas gerichtet halten, auf dem Kopf stehen, Tiere nachahmen, sich im Kreis drehen, bewegungslos dasitzen und Worte wiederholen, bis alles andere zu existieren aufhört. Denken Sie nicht länger, Meditation wäre etwas Besonderes. Hören Sie überhaupt auf zu denken! Sehen Sie sich die Welt an, als wären Sie gerade eben auf dem Planeten Erde angekommen: Die Felsen in ihren natürlichen Formationen, die Bäume mit ihren Wurzeln tief im Boden und den zum Himmel gestreckten Zweigen, die Pflanzen und Tiere und ihre Wechselbeziehungen zueinander. Betrachten Sie sich durch die Augen eines Hundes im Park. Betrachten Sie eine Blume durch ihre Essenz, einen Berg durch seine Massivität. Wenn der Geist die Gegenstände nicht belästigt, dann gibt es keinen Geist und keinen Gegenstand – nur atemlose Einheit.«

SURYA SINGER

1. Tun, was man gerne tut

»Der erste Schritt im Wachstum besteht darin, das zu tun, was wir gerne tun, und mit unserem Bewußtsein dabei zu sein.«

SUJATA

Welche Tätigkeit macht Ihnen wirklich Freude? Ist Ihnen schon einmal der Gedanke gekommen, daß dies eine hervorragende Meditation für Sie sein könnte?

Es *ist* Meditation, wenn wir das, was wir gerne tun, mit Bewußtsein tun. Meditation ist nicht eine bestimmte Tätigkeit, sondern die Qualität der Aufmerksamkeit, mit der wir bei der Sache sind. Jede Aktivität unseres täglichen Lebens kann zur Meditation werden, wenn wir dabei die Absicht haben, sie mit Konzentration und Klarheit auszuführen.

1. Sie wählen eine Tätigkeit aus, die Ihnen Freude macht.

2. Sie entschließen sich, auf diese Tätigkeit Ihre ganze Aufmerksamkeit zu richten.

3. Sie beginnen langsam und mit Bedacht. Sie bleiben entspannt und sind ganz und gar bei der Sache.

4. Wenn Ihre Aufmerksamkeit abschweift, kommen Sie wieder bewußt auf das, was Sie gerade tun, zurück. Treten Spannungen auf, dann lassen Sie diese los und lächeln sich zu.

5. Wenn Sie mit der Tätigkeit fertig sind, oder die gesetzte Zeit vorbei ist, reflektieren Sie einige Augenblicke Ihre Erfahrung. Vielleicht haben Sie in dieser vertrauten Tätigkeit neuen Reichtum entdeckt.

Jede Art von Tätigkeit, selbst eine, die wir nicht gerne tun, kann dazu genutzt werden, den Geist zu entwickeln und die Konzentration zu vertiefen.

2. Lauschen

»Im Herzen eines jeden von uns, wie unvollkommen wir auch sein mögen, schlägt ein stummer Puls in vollkommenem Rhythmus – ein Spiel von Wellen und Resonanzen, das absolut individuell und einzigartig ist, uns aber doch mit dem ganzen Universum verbindet.«

GEORGE LEONARD

Lauschen . . .

Wir bekommen ständig Informationen von der Welt um uns herum und aus unserem Innern. Verringern Sie die Störungen, indem Sie die Lautstärke Ihres inneren Dialogs zurücknehmen. Stellen Sie sich vor, daß das Universum Ihnen gerade auf Ihre tiefsten Fragen Antworten zuflüstern will, die Sie nicht überhören wollen!

Lauschen...

Ohne Analyse oder Kommentar lauschen Sie auf die Geräusche, die in die Sphäre Ihres Bewußtseins eintreten. Geben Sie diesen Geräuschen keinen Namen. Wenn Sie anfangen zu denken, dann erinnern Sie sich daran, daß Sie einfach...

Lauschen...

Ohne Anstrengung horchen Sie auf die Töne. Sie kommen zu Ihnen. Sie brauchen sich nicht zu verspannen oder zu bemühen. Vertrauen Sie. Lassen Sie Ihre Kontrolle fahren. Sie fühlen sich locker... ruhig... empfänglich... und wach...

Lauschen...

Sie, wie die Klänge aufsteigen... und wieder vergehen... wie sie in die Stille hineinschmelzen oder in andere Geräusche. Versuchen Sie nicht, sie festzuhalten, lassen Sie sie einfach fließen...

Lauschen...

wohin die Töne gehen...

Lauschen...

woher die Töne kommen...

Lauschen...

auf die vielstimmige Symphonie aus Klängen, Gedanken, Empfindungen, Gefühlen und Visionen im Raum Ihres Bewußtseins. Erlauben Sie Ihrem Geistkörper sich unbeeinträchtigt in Klarheit zu entspannen...

Lauschen . . .

Lassen Sie die Antworten auf Fragen als Verstehen und nicht als Gedanken zu Ihnen kommen.

Lauschen . . .

und fragen . . .

Wer hört zu?

3 Kontinuum

»Es gibt im Leben kein Ende, nur Prozeß, Verwandlung. Geistige Wirklichkeit ist klar erkannte physische Wirklichkeit.«

BILL VOYD

Mit dem Atmen richten Sie Ihre Aufmerksamkeit auf den gegenwärtigen Augenblick.

Mit dem Ausatmen lassen Sie Ihr Bewußtsein mühelos in den nächsten Augenblick fließen. Beim Einatmen stabilisieren Sie Ihr Bewußtsein in diesem Augenblick. Beim Ausatmen spüren Sie, wie sich der Fluß Ihres Atems in Raum und Zeit ergießt und sich fortbewegt.

Von der Gegenwart aus machen Sie einen Schritt in die Zukunft und lassen die Vergangenheit unwiderbringlich hinter sich. Bei dieser Bewegung spüren Sie, daß Schwingungen von Ihnen ausgehen und Sie sich durch Raum und Zeit vorwärtsbewegen.

Stellen Sie sich vor, daß Ihre Bewegung eine Licht- und Energiespur im Gewebe von Zeit und Raum hinterläßt. Wenn Sie sich umwenden, können Sie diese Leuchtspur sehen wie ein Glühwürmchen in der Nacht.

Nun stellen sie sich den Weg vor, den Sie heute, in der letzten Woche und im letzten Monat durch die Welt gegangen sind. Sie spüren die Muster, Zyklen und Rhythmen Ihres Kommens und Gehens. Sie vollziehen die Wege, die Sie gegangen sind, in der Vorstellung nach, in Ihrem Haus, wie Sie zur Arbeit oder Schule fahren, Einkaufen gehen, Freunde besuchen, einen Spaziergang machen oder Fahrrad fahren. Sie sehen Ihr Leben als ein Kontinuum von Licht- und Energiemustern, die sich in Zeit und Raum entfalten.

Stellen Sie sich die Entwicklung dieses Kontinuums seit Ihrer Geburt vor. Sie können sogar versuchen, das Energiemuster jenes Körpers zu erspüren, den Sie vor diesem hatten, und weiter und weiter zurück . . . Sie erfahren sich als dynamischen Prozeß, der sich in Zeit und Raum entfaltet.

Führen Sie sich all die Materie des Universums vor Augen, die Ihre körperliche Existenz erhalten hat, all die Luft, das Wasser, die Nahrung, die Sie während Ihres Lebens – Ihrer Leben – verbraucht haben.

Stellen Sie sich die Augenblicke vor, in denen Sie geliebt haben, in denen Sie Freude oder Ärger empfunden haben. Sie spüren, wie Ihre Energie den Raum durchdringt und alle Menschen in Ihrer Umgebung berührt.

Schauen Sie einen Apfel an. Auch er ist ein Kontinuum, eine Verschmelzung aus Sonnenlicht, Wasser, Erde und Luft, und all der Bäume und Äpfel, die davor waren. Wieviel Sorge und Arbeit von anderen Menschen und Wesen steckt in dem Apfel, den Sie schließlich genießen können? Wo fängt diese Apfel-Energie an, wo hört sie auf? Wo beginnt *Ihr* Energiefeld, wo endet es?

Denken Sie an Ihre Freunde. Was Sie sehen, ist ein Schnappschuß aus dem Kontinuum des Seins. Betrachten Sie auch Wälder, Blumen, Gegenstände einfach als Prozeß. Verfolgen Sie Ihren Ring oder den Stoff Ihrer Bluse bis zu den organischen Wurzeln in der Erde zurück.

Sie erkennen alles als Fäden aus Licht und Energie, die sich in Raum und Zeit zu Mustern verweben, Menschen, Planeten, Galaxien, atomare Energiewolken in einem Tanz ohne Anfang und Ende durch Zeit und Raum. Auch Gedanken, Träume, Fantasien und Erinnerungen – all das spielerische Geschehen in Ihrem Geist.

Stellen Sie sich vor, daß Sie beim Ausatmen alten Groll oder sonst eine Beschränkung loslassen. Mit dem Einatmen kommt Ihnen neue Kraft, Weisheit und Energie zu. Benutzen Sie den Atemkreislauf, um alte Haltungen und Gefühle loszulassen, die Sie daran hindern, sich frei durchs Leben zu bewegen. Mit jedem Atemzug empfangen Sie Inspiration für jene Qualitäten, die Sie in sich stärken wollen.

Das Leben besteht aus Augenblicken. Was wir in der Vergangenheit gesät haben, geht jetzt auf, und jetzt haben wir die Möglichkeit, Samen für zukünftige Gesundheit und zukünftiges Glück zu säen.

Atmen Sie Ihr Bewußtsein in diesen Augenblick hinein.

Mit dem Ausatmen entfaltet sich Ihr Kontinuum in Frieden, Ausgeglichenheit und Freude.

4 Innere Beobachtung

»Man sollte sich darüber klar sein, daß man nicht meditiert, um tief in sich einzutauchen und sich von der Welt zurückzuziehen ... Man sollte nicht versuchen, in irgendeinen höheren Bewußtseinszustand zu gelangen, denn dadurch entsteht nur etwas Konditioniertes und Künstliches, das den freien Fluß des Geistes behindert ... Wenn man Meditation praktiziert, sollte man sich dem Universum vollständig öffnen, im Geist absoluter Einfachheit und Nacktheit ... Meditation ist nicht dafür da, tranceartige Zustände herbeizuführen, vielmehr zur Schärfung der Wahrnehmung, um die Dinge so zu sehen, wie sie sind. Meditation auf dieser Ebene heißt, die Konflikte in unserer Lebenssituation anzugehen, die Situation wie einen Stein zu benutzen, mit dem man ein Messer schärft.«

TRUNGPA RINPOCHE

Der Geist ist ein Prozeß, der ununterbrochene Fluß unserer intellektuellen, emotionalen und sinnlichen Erfahrungen. Üblicherweise streunt der Geist nach Lust und Laune auf den konditionierten Wegen der sozialen Umgebung und der Gewohnheit herum.

Lernt man, diesen Prozeß zu beobachten und zu verstehen, dann wachsen Ruhe und Klarheit. Allmählich werden Sie bemerken, daß Sie Ihr Leben mehr in die Hand bekommen, und zwanghafte Denk- und Gefühlsstrukturen ihre Macht über Sie verlieren.

Durch die folgende Übungsreihe können Sie Einsicht in die Funktionsweise Ihres Geistes gewinnen. Am besten machen Sie einige Tage oder Wochen lang die erste Übung, bis Sie eine gewisse Vertiefung Ihrer Einsicht bemerken, danach fahren Sie fort, bis Sie die Reihe vollendet haben.

Übung 1: Den Geist sammeln

Setzen Sie sich bequem hin und entspannen Sie sich einige Minuten lang. Legen Sie Ihre Hände in den Schoß und lächeln Sie sich zu. Richten Sie die Aufmerksamkeit auf Ihren Atem und spüren Sie, wie die Luft aus Ihren Nasenlöchern fließt. Nun zählen Sie beim Ausatmen Ihre Atemzüge von eins bis zehn. Wenn Sie den Faden verlieren, fangen Sie wieder bei eins an. Ist es Ihnen gelungen, bis zehn zu kommen, beginnen Sie wieder bei eins.

Sie können diese Technik jederzeit anwenden, auch wenn Sie nur ein paar Minuten Zeit haben. Das Ziel besteht darin, Ihre Aufmerksamkeit präzise und doch entspannt auf das zu richten, was Sie gerade tun. Bemühen Sie sich nicht zu sehr um Konzentration, sondern lassen Sie Ihren Geist wach und entspannt sein. Ihr Geist wird unweigerlich abschweifen; kehren Sie dann einfach zum nächsten Atemzug zurück. Durch Übung wird es Ihnen allmählich immer leichter fallen, konzentriert bei dem zu bleiben, was Sie gerade tun.

Übung 2: Gedanken beobachten

Setzen Sie sich wieder bequem hin, lächeln Sie sich zu und achten Sie auf Ihren Atemfluß. Lassen Sie Ihren herumschweifenden Geist zur Ruhe kommen, so daß sich seine natürliche Klarheit ausbreiten kann.

Legen Sie Ihre Handflächen auf die Beine und richten Sie Ihre Aufmerksamkeit auf den Atem. Wenn Ihre Gedanken in die Vergangenheit abschweifen, klopfen Sie leicht auf Ihr linkes Bein. Merken Sie, daß sich Ihre Gedanken in Fantasien zukünftiger Ereignisse ergehen, dann klopfen Sie auf Ihr rechtes Bein. Ruhig und wach beobachten Sie Ihren Atemfluß und stellen fest, wann Ihre Gedanken Ausflüge in die Vergangenheit oder Zukunft machen. Notieren Sie innerlich »Erinnerung« oder

»Fantasie« und kehren Sie mit Ihrer Aufmerksamkeit zum Atem zurück.

Das Ziel dieser Übung besteht darin, den *Prozeß* unserer Gehirntätigkeit zu beobachten, ohne sich mit dem spezifischen Inhalt der Gedanken zu identifizieren.

Übung 3: Sinneseindrücke beobachten

Wie bei der vorigen Übung konzentrieren Sie sich auf Ihren Atem, um den Geist zu sammeln. Nun weiten Sie das Feld Ihrer Beobachtung der inneren Prozesse auf sinnliche Erfahrungen aus. Wenn Sie eine körperliche Empfindung haben, dann sagen Sie sich im Geiste »empfinden«, oder, falls Sie es genauer ausdrücken wollen, »angenehmes Gefühl«, »Schmerz«, »Kribbeln«, »Jucken« etc. Lassen Sie sich nicht auf inneren Dialog ein, sondern verzeichnen Sie im Geist einfach und präzis Ihre Erfahrung und kehren Sie zum Atem zurück. Ebenso machen Sie es mit anderen Sinneserfahrungen: Sie kennzeichnen sie gedanklich als das, was sie sind, »hören«, »schmecken«, »riechen«, »spüren«.

Übung 4: Gefühle beobachten

Sie entspannen Ihren Körper und sammeln Ihren Geist, indem Sie für kurze Zeit Ihren Atem beobachten. Zusätzlich zur Beobachtung der Sinneseindrücke beobachten Sie jetzt die emotionalen Vorgänge. Wenn ein bestimmtes Gefühl vorherrschend wird, benennen Sie es, sei es »Ärger«, »Traurigkeit«, »Angst«, »Jemandem-böse-sein«, »Schuld« oder was immer. Achten Sie ganz besonders auf das Gefühl von »Mögen« und »Nicht-mögen«. Und wieder geht es darum, daß Sie sich nicht auf den Inhalt der Gefühle einlassen, sondern sie einfach nur zur Kenntnis nehmen und mit Ihrer Aufmerksamkeit zum Atem zurückkehren.

Übung 5: Die Absicht beobachten

Wenn wir gelernt haben, die Gedanken und Gefühle, die uns durchströmen, wahrzunehmen, dann werden wir erkennen, daß jeder Handlung eine Absicht vorausgeht. Sie beobachten nun den Augenblick der Absicht vor dem Handeln.

Achten Sie auf den Augenblick, in dem Sie die Absicht haben, aufzustehen, bevor Sie es wirklich tun; die Absicht, die Hand auszustrecken, bevor Sie die Tür öffnen, die Absicht, sich zu bewegen, anzuhalten, zu sprechen, sich umzudrehen, etwas schneller oder langsamer zu machen, zu jemandem hart oder freundlich zu sein.

Durch die Fähigkeit, unsere Absichten wahrzunehmen, eröffnen wir uns ganz neue Möglichkeiten für schöpferische Entscheidungen; wir sehen Wahlmöglichkeiten, die wir vorher nicht gesehen haben und die uns offenstehen, auch wenn sich unser Leben überwiegend in den Bahnen von Gewohnheit und Konditionierung bewegt. Indem Sie sich unbewußte und gewohnheitsmäßige Impulse bewußt machen, die Ihr Verhalten steuern, werden sich der Handlungsspielraum und die Kraft vergrößern, zu entscheiden, was Sie tun wollen und wie Sie etwas tun wollen.

Es ist unvermeidlich, daß Sie bei der Schnelligkeit des täglichen Lebens von Ihren mechanischen Gedanken und Gefühlen wieder eingefangen werden und Ihnen die Fähigkeit abhanden kommt, bewußt zu entscheiden, was Sie tun oder sagen wollen. Wenn Sie das merken, dann halten sie im Geist inne, lächeln sich zu, schelten sich vielleicht mit einem Augenzwinkern – dann *atmen* Sie, lassen die Gedanken und Gefühle fließen und ein Gefühl der Stärke, Ruhe und Klarheit in sich aufsteigen.

»Das ist der Grund, warum man das Bewußtsein erweitert ... sich Funktionen bewußt macht, die automatisch ablaufen und oft für einen selbst und für einen Beobachter von außen nicht stimmig sind; diese Funktionen stimmiger machen, so daß man weniger ein Opfer automatischer Reaktionen ist, sondern zu einer Person wird, die ihre psychologische Maschinerie kennt und beherrscht.«

CHARLES TART

5 Erforschung der Gedanken

»Bei der Entwicklung von Weisheit ist eine geistige Eigenschaft besonders wichtig, denn sie enthält den Schlüssel zur spirituellen Praxis: Achtsamkeit, Aufmerksamkeit oder innere Sammlung. Der direkteste Weg zum Verständnis unserer Lebenssituation und zu einer Antwort auf die Fragen, wer wir sind und wie unser Bewußtsein und unser Körper funktionieren, besteht in der Beobachtung, der unterschiedslosen Wahrnehmung aller Vorgänge. Bei dieser Haltung des Nicht-Urteilens und des direkten Beobachtens kann sich alles natürlich entfalten. Indem wir mit unserer Aufmerksamkeit im gegenwärtigen Augenblick verweilen, können wir das Wesen unserer geistigen und körperlichen Prozesse zunehmend klarer erkennen.«

JACK KORNFIELD

Es gibt viele Objekte der Meditation. Manche Traditionen konzentrieren die Aufmerksamkeit auf körperliche Vorgänge wie Atmung oder Haltung, bei anderen Techniken ist der ständige Wechsel der Gedanken, Gefühle, Empfindungen und Bewußtseinszustände Gegenstand der Aufmerksamkeit.

Diese Meditation benutzt die Gedanken. Obwohl viele Leute Gedanken als eine Störung ihrer meditativen Übung erfahren, können diese doch ein interessanter und wirksamer Gegenstand der Meditation sein. Wenn wir die Aufmerksamkeit auf unsere Gedanken richten, gelangen wir zu der Einsicht, daß wir nicht mit unseren Gedanken identisch sind. Wir erkennen, daß Gedanken nur Schaum auf dem Ozean unseres Bewußtseins sind, oder einfach Wolken, die im Bewußtseinshimmel aufsteigen, sich verändern und wieder wegziehen. Lernen wir, die Identifikation mit dem Inhalt unserer Gedanken bewußt zu brechen, so können wir das Denken als einen Prozeß wahrnehmen, für dessen Entfaltung es keines Denkers bedarf. Wenn wir der Frage, wer wir sind, tief genug nachspüren, dann entdecken wir, daß wir bei weitem mehr sind und größer als all die Stimmen und Ideen, die durch den offenen und klaren Raum unseres Bewußtseins ziehen.

Setzen Sie sich ruhig hin und achten Sie auf das natürliche Ein- und Ausströmen Ihres Atems. Wenn Gedanken aufsteigen, so sagen Sie sich ›denken . . . denken‹. Viele Gedankenketten hören auf, sobald man sich ihrer bewußt wird, und das Bewußtsein kommt wieder zur Ruhe. Üben Sie sich darin, die Gedanken schnell wahrzunehmen, bevor Sie sich von ihrem Fluß haben mitreißen lassen. Wenn die Gedanken allmählich nachlassen, richten Sie Ihre Aufmerksamkeit einfach wieder auf das Strömen des Atems. Betrachten Sie die Gedanken wie Wellen auf dem unerschöpflichen Meer oder wie Wolken am unermeßlich großen Himmel des Bewußtseins.

Gedanken benennen

Es kann hilfreich sein, die verschiedenen Arten der Gedankenprozesse zu benennen, und zwar so: Wenn Erinnerungen aufsteigen, dann sagen Sie sich innerlich ›erinnern‹. Wenn Zukunftsvorstellungen auftauchen, dann sagen Sie ›fantasieren‹ oder ›planen‹. Dieses Benennen kann dabei helfen, das Bewußtsein zu zentrieren und Klarheit zu gewinnen, um dadurch die vorherrschenden Gedankenmuster zu erkennen und aufzulösen, Gedankenmuster, mit denen Sie sich zwanghaft identifiziert haben, und die Sie Ihr Leben lang in eine bestimmte Richtung gelenkt haben.

Wenn wir lernen, Denken als Denken, Planen als Planen, Beschuldigen als Beschuldigen und Erinnern als Erinnern wahrzunehmen, dann werden wir unsere Kraft im gegenwärtigen Augenblick entdecken und aus dem Gefängnis ausbrechen, das wir uns durch falsche Identifikation mit unseren begrenzten Gedankenmustern gebaut haben. So gelangen wir zu einem Innewerden unserer geistigen Kraft und können ihre Energie dazu gebrauchen, die Eigenschaften zu entfalten, die in der Tiefe des Menschen schlummern.

Hüten Sie sich bei dieser Meditation davor, sich mit dem Inhalt Ihrer Gedanken zu identifizieren. Richten Sie die Aufmerksamkeit einfach ganz auf den Prozeß des Denkens und nicht auf seinen Inhalt. Achten Sie dabei besonders auf den zwanghaften Hang zur Reflexion, das Nachdenken über Gedanken und den inneren Kommentar dazu. Betrachten Sie Gedanken nicht als gut oder schlecht, als richtig oder falsch, oder als eine Störung der Meditation. Ein großer Zen-Meister der Gegenwart, Suzuki Roshi, schrieb in seinem Buch *Zen-Geist, Anfänger-Geist*:

»Versuche bei der Zazen-Meditation nicht, deine Gedanken zu unterdrücken. Laß sie von selbst aufhören. Wenn etwas in dein Bewußtsein tritt, so laß es hereinkommen und wieder hinausgehen. Es wird nicht lange bleiben. Wenn du versuchst, deine Gedanken zum Stillstand zu bringen, dann heißt das, daß du sie als Störung empfindest. Laß dich von nichts stören. Es scheint, als ob etwas von außen in dein Bewußtsein träte, in Wirklichkeit sind es aber nur die Wellen deines Bewußtseins, und wenn du dich von ihnen nicht stören läßt, werden sie allmählich ruhiger und ruhiger... Viele Empfindungen, viele Gedanken und viele Bilder steigen auf, aber es sind nur Wellen deines eigenen Bewußtseins. Nichts dringt von außerhalb ein... Wenn du dein Bewußtsein so läßt, wie es ist, wird es ruhig werden. Dann ist es das Große Bewußtsein.«

Wechselnde Bewußtseinszustände benennen und beobachten

Wenn sich Ihre Gedanken allmählich beruhigen und Ihr Bewußtsein ins Gleichgewicht kommt, wird Ihnen das Benennen von Gedanken, Gefühlen oder Atmungsphasen vielleicht lästig werden. In diesem feineren Bewußtseinszustand können Sie nun einfach dazu übergehen, das Ein- und Ausatmen oder die Art der Gedanken oder Gefühle zu beobachten, ohne sie im Geiste zu benennen. Diese Übung des aufmerksamen Beobachtens all der zahllosen aufsteigenden und wieder verblassenden Gedanken, der körperlichen Empfindungen, der Gefühle und der Bewußtseinszustände erlaubt Ihnen, in das Wesen dieser Erfahrungen tiefer einzudringen.

Sollten Sie feststellen, daß die Klarheit oder Genauigkeit Ihrer Aufmerksamkeit nachläßt, kehren Sie einfach zur Beobachtung des Atems oder zur Technik der Benennung zurück, um die Aufmerksamkeit wieder zu zentrieren. Wenn sich Ihr Geist geklärt hat, hören Sie mit dem Benennen wieder auf, um die ständig wechselnden Zustände von Bewußtsein und Körper, die mit Ihrer Erfahrung unauflöslich verquickt sind, wiederum nur zu beobachten.

Wir fragten den Lehrer: Was ist das Wesen des Geistes? Er antwortete mit der folgenden Meditation: »Stelle dir deinen Geist wie einen Lichttropfen in deinem Herzen vor in der Farbe des Himmels und von der Größe eines Senfkorns. Stelle dir vor, daß sich dieser leuchtende Tropfen Geist so weit wie möglich ausdehnt. Was ist größer, der ausgedehnte Tropfen oder der Himmel?« Fünfzehn Minuten lang meditierten wir über diese Frage, dann sagte er: »Das ist das Wesen und die Ausdehnung des Geistes.«

6 Küchenyoga

Die folgende Technik beruht auf der Erfahrung, daß jede Tätigkeit in Meditation verwandelt werden kann, selbst eine so alltägliche wie Gemüse putzen. Der Schlüssel zu dieser Transformation liegt in der Aufmerksamkeit, die wir auf das richten, was im gegenwärtigen Augenblick geschieht. Es ist nicht die Art der Tätigkeit, die die Qualität der geistigen Lebendigkeit bestimmt, sondern die Energie der *Achtsamkeit,* die darin einfließt. Wir verbringen alle einen Großteil unseres Lebens mit Routinearbeiten. Experimentieren Sie mit dieser Übung, um jede Art von Tätigkeit in eine Erfahrung der Wachheit zu verwandeln.

1. Beginnen Sie damit, den Kontakt zum Boden herzustellen. Sie spüren die Berührung zwischen Ihren Fußsohlen und dem Boden und der Verbindung zwischen dem Boden und der Erde.

2. Mit leicht gebeugten Knien stellen Sie sich vor, daß Ihre Beine in der Erde wurzeln, von der Hüfte über die Schenkel und Füße hinunter in die Erde.

3. Gehen Sie mit Ihrer Aufmerksamkeit zu Ihrem Nabel, ins Zentrum Ihrer Kraft.

4. Nun erlauben Sie dem Oberkörper, sich zu öffnen und lebendig zu werden. Mit dem Ausatmen sinken Ihre Schultern nach unten. Ihr Blick wird weich und Ihr Unterkiefer locker.

5. Jedes Ausatmen bringt Sie zu Ihrem Körper zurück. Sie spüren, welche Körperhaltung Sie einnehmen.

6. Schalten Sie auf ›Empfang‹. Beim Schneiden nehmen Sie das Bild des Gemüses in sich auf.

7. Es gibt für Sie nichts anderes zu tun, als die Empfindung des Messers in Ihrer Hand zu *spüren*. Sie spüren seine Härte, spüren, wo Ihre Hand das Messer berührt. Vielleicht bemerken Sie, daß Sie beim Schneiden zu viel Kraft aufwenden. Nehmen Sie das Messer leichter in die Hand.

8. Nehmen Sie das Wesen des Gemüses auf, das Sie in der Hand halten. Werden Sie empfänglich für seine Qualität.

9. Die Füße berühren den Boden.

10. Die Knie sind leicht gebeugt.

11. Die Bewegung kommt aus der Mitte.

12. Das Bewußtsein ist beim Atem.

13. Der Blick ist weich.

14. Sie empfangen...

15. Sie empfinden Ihren Körper.

16. Sie erleben jeden Augenblick, als wäre es Ihr letzter.

17. Weich und wach. Entspannt und präzis.

18. Achtsamkeit begleitet jeden Moment.

7 Bewußtes Essen

Die Übung des bewußten Essens kann sehr aufschlußreich sein. Beim Essen laufen im Geist und Körper viele verschiedene Prozesse ab. Verfolgen wir diese Prozesse mit Achtsamkeit, so können wir dabei Selbsterkenntnis gewinnen.

Der erste Schritt beim Essen ist die Wahrnehmung der Nahrung. Machen Sie sich bewußt, daß Sie diese *sehen*. Der nächste Schritt ist die Absicht, die Hand danach auszustrecken. Machen Sie sich diese *Absicht* bewußt. Die Absicht drängt den Körper zum Handeln, nämlich die Hand nach dem Essen auszustrecken. Machen Sie sich diese *Bewegung* bewußt. Wenn Ihre Hand oder Ihre Gabel das Essen berührt, entsteht die Empfindung der Berührung. Machen Sie sich das *Berühren* bewußt. Dann *heben* Sie den Arm und bringen das Essen zum Mund.

Beobachten Sie ganz genau jede Phase des Prozesses. Die Nahrung nähert sich dem Mund, und Sie beobachten, wie sich Ihr Mund öffnet, wie Sie die Nahrung hineingeben, den Arm herunternehmen, die Struktur der Nahrung im Mund spüren, dann schmecken und kauen. Achten Sie besonders auf das Schmecken. Sie merken, wie der Geschmack mit dem Kauen allmählich verschwindet. Dann schlucken Sie die Nahrung. Sie beobachen, wie das Bedürfnis nach mehr aufsteigt und damit die Absicht, nach einem weiteren Bissen die Hand auszustrecken.

Sie erleben, wie eine Phase mechanisch zur nächsten führt, als gäbe es da niemanden, der ißt, sondern nur die Abfolge einer Sequenz: Bedürfnis, Absicht, Bewegung, Berührung, Geschmack etc. Bewußtes Essen kann zu der Erkenntnis führen, daß das, was wir sind, einfach nur eine Sequenz von Ereignissen ist, der Fluß der Lebensenergie. Es kann uns auch unsere zwanghaften Einstellungen widerspiegeln, unser Bedürfnis, das Universum zu konsumieren oder mit all unseren Sinnen Nahrung aufzunehmen. Indem wir lernen, zurückzutreten und sowohl den Prozeß wie auch den Inhalt unserer Aktivitäten bewußt wahrzunehmen, fangen wir an, die begrenzenden Muster unseres Lebens zu erkennen und aus ihnen herauszutreten.

8   Meditatives Gehen

»Jeder Weg, jede Straße der Welt, ist ein Weg, auf dem du meditieren kannst.«

THICH NHAT HANH

Beobachten Sie die Abfolge der Bewegungen beim Gehen: Stehen, den Fuß heben, nach vorne bewegen, absetzen und das Gewicht auf den anderen Fuß verlagern. Bewegen Sie sich am Anfang langsam, nur so schnell, daß Sie die Bewegung mit dem Bewußtsein begleiten können. Das Ziel ist die Entwicklung ungebrochener Aufmerksamkeit. Experimentieren Sie auch mit schnellerem Tempo und achten Sie jedesmal darauf, wenn Ihr Fuß den Boden berührt. Sie sind dabei ganz locker und natürlich und folgen mit Ihrem Bewußtsein dem Fluß der Bewegung von Augenblick zu Augenblick.

9   Schlafmeditation

Es gibt zahlreiche Möglichkeiten, meditativ zu schlafen. Eine besteht darin, sich vor dem Einschlafen zu entspannen und zu meditieren. Nehmen Sie sich einige Minuten Zeit, um Ihren Geist zu beruhigen und zu Ihrer Mitte zu finden. Dann vergegenwärtigen Sie sich den verflossenen Tag. Falls es Augenblicke gibt, die Sie vielleicht bereuen, dann nehmen Sie diese Fehler als positive Lektionen an, aus denen Sie lernen können, in den folgenden Tagen anders zu handeln. Danken Sie in Ihrem Herzen jedem, der Ihre Entwicklung an diesem Tag gefördert und Ihnen Gelegenheit zum Lernen gegeben hat. Bitten Sie um Vergebung und vergeben Sie selbst, wo es nötig ist, so daß Sie in Frieden einschlafen können.

Eine andere meditative Schlaftechnik ist folgende: Stellen Sie sich vor, daß Ihr Bett in einer großen leuchtenden Lotusblüte, einem Tempel oder einem Lichtpavillon ruht. Dieser Raum ist mit heilendem, regenerierendem Licht gefüllt, das während des Schlafs in Sie einströmt. In diesem Licht sind Sie vor allen störenden Einflüssen von außen geborgen. Es zieht alle positiven Energien aus dem Universum an, die für Sie hilfreich sein könnten. Ruhen Sie sich tief aus. Beim Aufwachen lösen Sie diese Visualisierung in Regenbogenlicht auf und absorbieren dessen Essenz.

Eine weitere Methode besteht darin, sich vorzustellen, daß Sie im Schlaf den Kopf in den Schoß eines Lehrers oder geistigen Wesens legen, das über sie wacht. All Ihre Gedanken und Sorgen lösen sich in seiner Gegenwart auf. Sie empfangen im Schlaf seine Liebe, Stärke und Inspiration. Beim Aufwachen lösen Sie diese Vorstellung im Licht des Regenbogens auf. Diese Technik kann mit der vorigen verbunden werden.

Oder Sie legen sich hin und stellen sich vor, daß Sie mit jedem Atemzug mit Licht und Raum gefüllt werden. Beim Ausatmen lösen Sie sich zusammen mit dem ganzen Universum in einem Lichtmeer auf. Ihr Geist öffnet sich wie ein Tropfen, der in einen leuchtenden Ozean fällt. Sie ruhen tief und werden mit Kraft gefüllt. Beim Aufwachen erscheinen Ihnen Ihr Körper und die Welt frisch und neu.

»Mir, Chuang Tzu, träumte einmal,
ich wäre ein Schmetterling,
von Blüte zu Blüte flatternd,
ganz und gar Schmetterling.
Ich wußte nur, daß ich als Schmetterling
Lust und Laune folgte, und wußte nichts
von meiner Individualität als Mensch.
Plötzlich wachte ich auf,
und da lag ich,
wieder ich selbst.
Jetzt weiß ich nicht,
ob ich damals ein Mensch war, der träumte,
ein Schmetterling zu sein,
oder ob ich jetzt ein Schmetterling bin,
der träumt, ein Mensch zu sein.«

CHUANG TZU

10 Aufwachen

»Am wahrsten leben wir,
wenn wir in unseren Träumen wach sind.«

THOREAU

»Woher wissen wir, was Realität ist? Wenn wir in der Nacht träumen, dann glauben wir, es sei Realität, wir spüren es, wir erleben es. Dann wachen wir auf und glauben es nicht mehr. Wie unterscheiden wir das Wirkliche vom Unwirklichen? Wo ist der Traum der letzten Nacht jetzt? Wo ist die Erfahrung von gestern? Sie können auch den Wachzustand als Traum betrachten. Wenn Sie keinen Unterschied zwischen den Träumen der Nacht und den Illusionen des Tages machen, wird das Leiden leichter. Haben Sie einmal die Überzeugung gewonnen, daß Ihre Erfahrung ein Traum ist, dann erscheint sie Ihnen nicht so schlimm. Träume sind unwirklich, falsche Vorstellungen, Illusionen. Sie erkennen dann, daß Ihre Erfahrung nicht so ernst ist, wie Sie dachten. Ihre Persönlichkeit verändert sich und Ihre Beziehung zu anderen Menschen und der Welt wird besser. Es gibt verschiedene Wege, Verwirklichung zu erreichen, aber einer der besten ist es, die Existenz als Traum zu betrachten, weil es Spaß macht, sehr befriedigend und interessant ist. Lange Zeit haben wir die Welt in einer bestimmten Weise gesehen – real, fest und konkret. Sie anders zu sehen, macht sehr viel Freude. Alles wird leichter. Nichts ist falsch: Es gibt keine Langeweile mehr. Wir verstehen, was Einheit ist, was Ewigkeit – unendliche Zeit, unendlicher Raum, unendliches Bewußtsein. Wenn man alle Schichten in Form von Ideen, Spannungen und Frustrationen entfernt und die nackte Wirklichkeit des Bewußtseins bloßlegt, wo es nichts gibt, was man festhalten könnte – kann nichts falsch sein. Das ist keine Fantasie oder Flucht. Das ist wahr. Wenn Sie zu diesem Gewahrsein gelangen, dann wird die Welt zu einer Quelle unendlicher Freude.«

TARTHANG TULKU

11   Reflexive Meditation

Setzen Sie sich bequem hin.

Mit drei tiefen, vollen Atemzügen entspannen Sie den Körper, beruhigen und sammeln den Geist.

Beobachten Sie einige Minuten lang den Atemfluß, einatmen, ausatmen, entspannt und wach.

Wenn die Gedanken abschweifen, kehren Sie zum Atem zurück.

Nun richten Sie Ihre Aufmerksamkeit auf eine Frage, Idee, Erfahrung oder auf eine derzeitige oder zukünftige Situation.

Vertiefen Sie sich ganz darin.

Erforschen Sie die Bedeutung, die Beziehungen, die Wichtigkeit und praktischen Konsequenzen für Ihr Leben.

Wenn das Bild oder die Idee verblaßt, beobachten Sie wieder den Atem.

Hat sich der Geist wieder stabilisiert und gesammelt, führen Sie sich diese Idee oder Situation wieder vor Augen und erforschen sie aufs neue.

Am Ende der Meditation atmen Sie dreimal langsam durch, öffnen die Augen, strecken den Körper und – dies ist das wichtigste – wenden Ihre Einsichten auf Ihr tägliches Leben an.

»Wenn die Meditation vom Atem auf das Bewußtsein des Wandels gelenkt wird, unterweist der Lehrer den Meditierenden darin, wie er die Aufmerksamkeit durch den Körper schicken kann, Stück für Stück, um dabei die Vergänglichkeit aller Berührung und Empfindung zu spüren. Im Bewußtsein dieser Vergänglichkeit erkennt der

Meditierende, daß er mit der Kraft seiner Konzentration und Achtsamkeit die Blockierungen des Energieflusses in seinem Körper auflösen kann, so daß sich die Aufmerksamkeit schneller und klarer durch den Körper bewegt. Wenn die Energie frei fließen kann, und der Meditierende die Unbeständigkeit und den Wandel der sinnlichen Eindrücke immer deutlicher sieht, dann richtet er seine Aufmerksamkeit auf den Bereich des Herzens. Jetzt ist die Konzentration und bewußte Wahrnehmung der veränderlichen Empfindungen und Gefühle so stark, daß alle Sinneseindrücke, selbst die Bewegung des Geistes in ihrer Veränderlichkeit als Schwingung erfahren werden. Die Wahrnehmung der ganzen Welt, der Materie und des Geistes, reduziert sich auf verschiedene Schwingungsebenen in fortwährendem Wandel. Der Meditierende wendet seine wachsende Einsicht fortwährend an, um die wahre Natur der Existenz direkt zu erfahren.«

U BA KIN

12 Entfaltung der Tatkraft

»Ob Sie glauben, daß Sie es können, oder ob Sie glauben, daß Sie es nicht können – Sie haben recht.«

HENRY FORD

Beginnen Sie diese reflexive Meditation damit, daß Sie sich fünf Jahre in die Zukunft versetzen. Sie sehen sich so, wie Sie am liebsten sein möchten: Sie haben erreicht, was Sie erreichen möchten, haben gelernt, was Sie lernen möchten und haben die Beiträge geliefert, die Sie liefern möchten.

Nun erwägen Sie:
Welche Qualitäten haben Sie in sich entwickelt?
Welches sind die wichtigsten Lektionen, die Sie gelernt haben?
Welche Beiträge haben Sie geliefert, die Sie am meisten befriedigen?

Um diese Beiträge liefern zu können . . .
. . . mußten Sie aufhören, sich zu unterschätzen. Inwiefern?
. . . mußten Sie aufhören, andere zu unterschätzen. Inwiefern?

... mußten Sie aufhören, so zu tun, als könnten Sie etwas nicht. Was?

... mußten Sie bereit sein, gewisse Stärken in sich anzuerkennen. Welche?

... Mußten Sie bereit sein, gewisse Stärken in anderen anzuerkennen. Welche?

Nun überlegen Sie, wie Sie *jetzt* damit anfangen können. Wenn Sie wollen, dann geben Sie sich das Versprechen, die Vision Ihres Potentials in Wirklichkeit zu verwandeln.

13   Zweifache Wirklichkeit

»Wir sind Lichtwesen. Wir sind Wahrnehmer. Wir sind Bewußtsein. Wir sind kein Gegenstand. Wir haben keine Festigkeit. Wir sind grenzenlos. Die Welt der Gegenstände und festen Materie ist dazu da, unseren Aufenthalt auf der Erde bequem zu machen. Sie ist nur eine Beschreibung, die geschaffen wurde, um uns zu helfen. Wir, oder besser unser Verstand vergißt, daß diese Beschreibung nur eine Beschreibung ist, und so verfangen wir uns in einem Teufelskreis, dem wir in diesem Leben nur noch selten entrinnen... Wir sind Wahrnehmer. Die Welt, die wir wahrnehmen, ist eine Illusion. Sie ist aus einer Beschreibung entstanden, die uns seit dem Augenblick unserer Geburt eingehämmert wurde.«

DON JUAN

Wir leben in einer Welt mit zwei verschiedenen Wirklichkeiten. Zum einen die übliche Realität, in der ich ich bin und du du, wo dies hier ein Buch ist, und die Dinge Namen haben und definierte Beziehungen. Aber es gibt noch eine andere Wirklichkeit, das Feld undifferenzierter Resonanz, der Bereich von Raumzeit und Energie, in der es keine isolierten Einheiten gibt, und alle Energiefelder in einem Kontinuum des Lebens miteinander verbunden sind. Es ist von großem Nutzen, wenn wir uns im täglichen Leben dieser zwei Wirklichkeiten bewußt werden. Wir achten dann die Menschen und Dinge, die uns umgeben mehr, und entwickeln ein Empfinden für ihre Heiligkeit.

Stellen Sie im Tagesablauf immer wieder die folgenden Betrachtungen an:

Fragen Sie, entsprechend einer alten Zen-Methode: »Was ist das?« Wenn Sie sich einem Gegenstand oder einer Situation gegenüber sehen, versuchen Sie nicht, diese zu analysieren, sondern fragen Sie einfach: »Was ist das?« Mit einer empfänglichen, wachen und forschenden Intelligenz öffnen Sie sich für direkte Einsichten.

Oder Sie sagen sich: »Ich benenne das nur.« Das Benennen oder Namen-geben ist nur das Aufpfropfen eines Begriffes auf ein Erscheinungsfeld. Machen Sie sich die Relativität Ihrer Zuschreibungen und geistigen Projektionen klar. Öffnen Sie Ihren Geist, um das Wesen der Dinge zu erfassen, namenlos, nicht erdacht, frisch und lebendig.

Stellen Sie sich die Frage: »Wer bin ich?« Horchen Sie auf die Antworten, die Ihnen Ihre Empfindungen, Gefühle, Gedanken oder Bewußtseinszustände zutragen. Hüten Sie sich davor, der Gesamtheit dieses Prozesses, der Sie selbst sind, eine Idee überzustülpen. Erfahren und erkennen Sie, daß Sie weit mehr sind, als das, was Sie denken, das Sie sind. Wer sind Sie wirklich?

14 Die vier Elemente

Beginnen Sie diese Meditation mit einigen Minuten der Entspannung und Konzentration auf den Atem. Richten Sie Ihre Aufmerksamkeit auf das Erdelement des Körpers – den Teil Ihrer Existenz, der dicht und fest ist. Fühlen Sie die Masse Ihres Körpers, sein Gewicht und seine Form. Mit dem Atmen vertiefen Sie sich in das Element Erde, das Sie als Form, Dichte, Masse und Gewicht erfahren.

Nun kommt das Wasserelement, der flüssige, fließende Aspekt Ihrer Verkörperung und der Welt. Spüren Sie ihm in Ihrem Körper nach, dem Blut, der Lymphe und anderen Lebenssäften, die in Ihnen fließen. Richten Sie Ihr Bewußtsein auf das Wasser, wie es die Welt, in der Sie leben, durchströmt.

Das Feuerelement äußert sich in Wärme, Licht und Hitze in Ihrem Körper und der Welt. Spüren Sie in sich die vitale Wärme, die beim Tod entweicht. Öffnen Sie sich der Erfahrung dieses Elements der Wärme und des Lichts, das alle Lebewesen und die Sie umgebende Welt durchstrahlt.

Das Luftelement steht mit den inneren Hohlräumen und dem Atem in Beziehung. Die Atmung schafft eine dynamische Verbindung zur Welt. Auf einer feineren Ebene gehört das Element der ›Luft‹ zu den feinstofflichen Energien des Körpers, deren System in der Akupunktur und in esoterischen Betrachtungsweisen dargestellt wird. Makrokosmisch ist aus diesem Element das Muster der Energien gewebt, die den Stoffwechsel des Planeten bestimmen und uns mit den Himmelsbewegungen in Einklang bringen. Versenken Sie sich in die Betrachtung dieses Luft-Wind-Elements, das die Welt und Ihren Körper durchflutet.

Bewußtsein und Erkenntnis werden oft mit einem fünften Element in Zusammenhang gebracht. Es ist das feinste aller Elemente und nicht stofflicher Natur. Viele Namen werden ihm gegeben: Bewußtsein, Äther, Geist, das Unsterbliche etc. Es ist die lebensspendende Kraft, die vitale Essenz, die durch unsere Augen sieht, durch unsere Ohren hört und im Herzen aller Lebewesen wach und bewußt ist.

Die Kontemplation dieser fünf Elemente wird in vielen Traditionen geübt, um den Menschen mit den Elementen des Lebens und des Kosmos' in Einklang zu bringen.

15 Körperliche Leere

Eine der wirksamsten Techniken zur Auflösung von Streß und Spannung besteht darin, sich den Körper als Hohlraum vorzustellen. Sie erleben Ihr Inneres als offenen Raum, in dem Empfindungen und Gefühle kommen und gehen. In diesem Freiraum gibt es keine Hindernisse, kein Gefühl von Dichte oder Festigkeit.

Diese scheinbar einfache Methode wird seit tausenden von Jahren angewandt und hat sich in neuerer Zeit als hervorragendes Mittel erwiesen, um das neuromuskuläre und zentrale Nervensystem positiv zu beeinflussen, Schmerzen zu reduzieren, die Widerstandsfähigkeit zu erhöhen und die Koordination zwischen Geist und Körper zu verbessern.

Setzen Sie sich bequem hin, mit geradem Rücken und entspanntem Körper. Achten Sie auf den Atem und stellen Sie sich vor, daß Sie Ihre Aufmerksamkeit mit dem Einatmen in den Kopf hineinziehen. Vielleicht hilft es Ihnen, sich den Atem als leuchtende Substanz vorzustellen, die Ihren Kopf erfüllt. Mit dem Ausatmen lassen Sie alles Dichte und Feste los und stellen sich Ihren Kopf als offenen, weiten Raum vor. Achten Sie auf die Empfindungen und Schwingungen, die durch diesen Raum hindurchfließen.

Mit dem nächsten Einatmen ziehen Sie Ihre Aufmerksamkeit in den Hals und die Kehle, und wieder stellen Sie sich diese Zone beim Ausatmen als offenen Raum vor, in dem die Lebensenergie schwingen kann.

Auf diese Weise atmen Sie Bewußtsein in die verschiedenen Zonen Ihres Körpers und lassen das Gefühl von offenem, lichterfülltem Raum entstehen: in den Händen, Armen und Schultern, der Brust, dem Bauch, den Hüften, dem Gesäß und den Genitalien und schließlich den Beinen und Füßen. Beim Ausatmen erleben Sie jede dieser Körperzonen als offenen Raum, in dem die Empfindungen oszillieren. Das erfüllt Sie mit tiefem inneren Frieden.

Verweilen Sie in der Erfahrung Ihres hohlen Körpers, ohne sie in Begriffe zu fassen oder zu analysieren. Gedanken, Gefühle, Wahrnehmungen und Bilder lassen Sie im Raum Ihres inneren Gewahrseins wie leuchtende Blasen aufsteigen und wieder zerfließen. Sie erleben Ihren Körper ganz und heil, die angesammelten Spannungen in Körper und Geist lösen sich auf. Jeder Atemzug vertieft diese innere Harmonie und verstärkt die ruhige Intensität Ihres Bewußtseins.

Vielleicht haben Sie am Anfang den Eindruck, daß manche Körperzonen dicht, fest und undurchdringlich sind und sich dumpf anfühlen. Viele Menschen haben Teile Ihres Körpers innerlich von sich abgeschnitten, aufgrund von Verletzungen, Operationen, Mißhandlungen als Kind oder anderen bewußten oder verdrängten Traumata. Solange aber Körperteile von dem Gefühl der Ganzheit ausgeschlossen sind, sind auch Teile des Gehirns blockiert.

Diese ›Verliesse‹ in Ihrem Körper machen Sie verletzlich, denn sie sind oft Brutstätten für degenerative Krankheiten, insbesondere Krebs. In einem solchen Fall sollten Sie diese Meditation mit *Psychischer Massage* verbinden.

Durch Übung wird mit der Zeit aus der Vorstellung die Empfindung, daß Ihr Körper vom Scheitel bis zur Sohle ein offener, lichterfüllter Raum ohne Trennungen und Blockierungen ist. Sie werden die verlorenen Gebiete von Körper, Gehirn und Geist wieder in Besitz nehmen können und zu einem Gefühl von Ganzheit gelangen. Schließlich werden Sie mit einem einzigen Atemzug Zugang zu diesem Raum finden.

Weiterführende Übungen

Die folgenden Abwandlungen der Übung zur körperlichen Leere werden Ihre Koordination zwischen Geist und Körper und Ihre Fähigkeit zur Selbstheilung weiter verbessern.

1. Nachdem Sie Ihren Körper in einen offenen Raum verwandelt haben, stellen Sie sich ihn nun in verschiedenen Größen vor. Lassen Sie Ihren Körper in der Empfindung kleiner und kleiner werden, bis er die Größe eines Samenkorns angenommen hat, und dehnen Sie ihn dann aus, bis er das Zimmer, das Haus, die Planeten, die Milchstraße und das ganze Universum umfaßt. Nehmen Sie sich genügend Zeit, um diese unentwickelte geistige Fähigkeit lebendig werden zu lassen. Wechseln Sie zwischen ›ganz klein‹ und ›unermeßlich groß‹ hin und her, wie es Ihnen angenehm ist, und bewahren Sie sich dabei das Gefühl des offenen, inneren Raumes.

2. Wenn Sie mit dieser Technik vertraut geworden sind, können Sie in folgender Weise fortfahren: Sie empfinden Ihren Körper als lichten Hohlraum. Sie weiten Ihr Bewußtsein aus, bis es das Universum füllt. Nun stellen Sie sich vor, daß das Universum immer kleiner wird und schließlich von Ihrem Körper absorbiert wird . . . und in der Mitte Ihrer Brust eine Lichtkugel entsteht, in die sich Ihr ganzer Körper hineinzieht. Diese leuchtende Kugel lassen Sie kleiner und kleiner werden, bis sich Ihr Geist in lichter, leerer Offenheit auflöst.

Verweilen sie nun in diesem leeren, offenen Raum: still, ruhig, klar und ohne Begriffe. Sobald der erste Gedanke in diese Stille eindringt, verwandeln sie sich wieder in den Hohlkörper. Sie

102

haben nun das Gefühl, daß sich alle alten, begrenzenden Vorstellungen, negative Gewohnheiten des Wahrnehmens und Verhaltens und körperliche Blockierungen im Raum aufgelöst haben, und gehen frisch, gereinigt und wie neugeboren aus der Übung hervor.

Häufiges Üben dieser Techniken wird Beschränkungen aus der Vergangenheit auflösen, und Sie in die Lage versetzen, auf die Herausforderungen des Lebens kreativer zu reagieren.

Übertragung auf den Alltag

Bewahren Sie sich im Tagesablauf dieses Gefühl innerer Einheit und Offenheit. Benutzen Sie Ihren Atem, um es immer wieder zu erneuern. Sie können die Methode weiter dadurch vertiefen, daß Sie auf den Raum und die Entfernung zwischen Dingen achten und ein Gefühl für die Ausdehnung und die natürliche Ausstrahlung von Menschen und Dingen entwickeln. Wenn Sie Ihre Aufmerksamkeit auf den Raum zwischen Häusern, Autos, Menschen und Wolken richten, werden sie erkennen, daß der Raum sie nicht trennt, sondern verbindet. Was leer scheint, enthält in Wirklichkeit reiche Informationen in verschiedenen Frequenzen und Wellenlängen, die von unseren gewöhnlichen und feinen Sinnen aufgefangen werden. Diese Sensitivität kann auch dadurch weiterentwickelt werden, daß man auf die Stille zwischen den Tönen achtet, oder auf den Raum zwischen den Gedanken. Sie ist eine Voraussetzung für die Entfaltung der Intuition und die feinere Wahrnehmung unserer Sinnesorgane.

16   Psychische Massage

Massieren Sie das Innere Ihres Körpers mit dem Geist. Das Instrument ist Ihre Aufmerksamkeit, die sich ungehindert im offenen Raum Ihres Körpers bewegt. Konzentrieren Sie sich insbesondere auf Körperzonen, die verspannt oder krank sind. Benutzen Sie Ihre Aufmerksamkeit wie einen Laserstrahl oder ein Flutlicht, das diese Zonen kreuz und quer, von oben nach unten oder in Spiralen durchstrahlt. Ihre Intuition wird Ihnen sagen, wie Sie sich am besten in Ihrem inneren Raum bewegen.

Achten Sie darauf, wie sich diese feinen Empfindungen verändern, so wie alles in Ihrem Innern in ständiger Bewegung ist.
Falls Sie Schwierigkeiten haben, bei der Sache zu bleiben, dann
achten sie eine Weile auf Ihren Atem. Dadurch wird die Konzentrationskraft wieder mit Energie aufgeladen und Sie können
damit fortfahren, den Körper mit dem Geist ›auszufegen‹.

Vielleicht sind Sie am Anfang noch auf der Ebene der Imagination; Sie werden jedoch recht schnell jenen feinen Sinn in sich
entwickeln, der unstoffliche, elektromagnetische Energiefelder
wahrnehmen und tatsächlich verändern kann. Selbst wenn Ihnen der Körper anfangs Unbehagen bereitet und Sie einige Körperzonen vielleicht gar nicht spüren können, so wird sich allmählich auch dort Empfindung und das Gefühl harmonischer
Resonanz einstellen.

»Während biologische und medizinische Wissenschaftler an me-
chanistischen Modellen von Gesundheit und Krankheit arbeiteten,
wurde die theoretische Basis ihrer Wissenschaft durch die dramati-
schen Entwicklungen in der atomaren und subatomaren Physik
zum Einsturz gebracht; diese offenbarten die Grenzen des mechani-
stischen Weltbildes und führten zu einer organischen und ökologi-
schen Sicht der Realität. In der Physik des zwanzigsten Jahrhun-
derts wird das Universum nicht länger als Maschine gesehen, die
aus einer Vielzahl getrennter Objekte zusammengesetzt ist, sondern es erscheint als harmonisches, unteilbares Ganzes; ein Netz
dynamischer Beziehungen, in das der menschliche Beobachter mit
seinem Bewußtsein verflochten ist. Raum und Zeit sind keine ge-
trennten Dimensionen mehr, sie sind miteinander verwoben und
bilden ein vierdimensionales Kontinuum, genannt Raum-Zeit.
Subatomare Teilchen sind Wechselbeziehungen in einem Netzwerk
von Ereignissen, Energiebündeln oder Aktivitätsmustern. Wenn
wir sie beobachten, sehen wir niemals materielle Substanz; vielmehr sehen wir dynamische Muster, die sich in einem ununterbrochenen Tanz der Energie fortwährend verändern.«

FRITJOF CAPRA

17   Im Zentrum des Mandalas

Setzen Sie sich entspannt hin und ziehen Sie mit dem Atem das
Universum in sich hinein. Vom Mittelpunkt Ihres inneren Man-

dalas atmen Sie aus und spüren sich selbst im Zentrum des Universums. Stellen Sie sich vor, wie sich Ihre Energie- und Bewußtseinssphäre öffnet, um den Raum in sich aufzunehmen und in ihn hinauszustrahlen.

Der Fluß des Atems erinnert Sie an Ihre dynamische Beziehung zum Universum. Wohin sie auch gehen, Sie sind immer im Zentrum Ihrer Welt. Auch jedes andere Wesen lebt im Mittelpunkt seines eigenen Mandalas. Die Energie- und Bewußtseinssphären durchwirken sich gegenseitig und füllen den Raum mit einem kunstvollen Geflecht aus Mandalas, die aus dem Kern jedes Atoms und jedes Wesens hervorgehen.

Jedes Wesen umfaßt alle anderen und wird von ihnen umfaßt.

Ruhen Sie fest, zuversichtlich und heiter im Zentrum Ihres Mandalas aus Energie und Bewußtsein.

Sollte Sie irgend etwas aus dem Gleichgewicht bringen, dann atmen Sie einfach und kehren zum Mittelpunkt zurück.

18   Der Tropfen und das Meer

Ruhig und entspannt lassen Sie den Atem frei ein- und ausfließen und Gedanken und Spannungen in den Raum hinaustragen.

Beim Einatmen stellen Sie sich eine Blase aus Lichtenergie vor, die Sie erfüllt. Beim Ausatmen dehnt sich diese Blase aus, öffnet und weitet sich in den Raum. Jedes Einatmen füllt Sie mit Lichtenergie und bei jedem Ausatmen stellen sie sich vor, wie sich diese Energiesphäre öffnet und ausdehnt und sich frei durch den Raum, die Wände, die Häuser, die Erde bewegt. Alles öffnet sich. Erlauben sie Ihrem kleinen Selbst, sich weit auszudehnen. Lassen Sie all die Empfindungen, Gefühle und Schwingungen von Ihrem Körper in den Raum hinausströmen und sich auflösen wie eine Wolke im Himmelsraum. Benutzen Sie Ihren Atem, um die Sphäre Ihres Energiebewußtseins auszudehnen wie Kreise um einen Stein, der in einen ruhigen See gefallen ist... ahhh... öffnen... öffnen... in alle Richtungen öffnen... den Raum über Ihnen mit Bewußtsein füllen, den Raum unter Ihnen, nach vorne ausdehnen und nach hinten, eine Sphäre von lebendigem Energiebewußtsein, die sich mit jedem Atemzug öffnet und weitet.

Nun geben Sie dieser Lichtenergie beim Einatmen eine angenehme Farbe und eine Gefühlsqualität – vielleicht blau und friedlich oder rot und warm – irgendeine Kombination von Farbe und Gefühl, die für Sie stimmt. Dieses Gefühl und diese Farbe lassen Sie tief in sich hinein und beim Ausatmen nach außen strömen. Der Raum füllt sich mit leuchtenden Wellen aus Wärme und Wohlbefinden. Stellen sie sich vor, daß Sie eine Atmosphäre des Friedens und des Glücks erzeugen, die die Welt um Sie herum erfüllt. Während sie still dasitzen, lassen Sie diese Energiequelle aus sich hervorsprudeln, so daß sich das Wohlgefühl auf Ihre Mitmenschen überträgt.

Haben Sie dieses Gefühl von Weite und Offenheit in sich etabliert, dann lauschen Sie auf das Echo aus der Tiefe des Universums. Stellen Sie sich vor, daß sich der Tropfen oder Kern Ihrer Energie in den Raum hinaus weitet und Frieden, Wärme und Liebe in Sie hineinfließen, gleichzeitig Ausdehnung und Zusammenfließen. Ihr winziger Geisttropfen öffnet sich nach außen, bis er sich im Meer des Bewußtseins auflöst, und dieses ganze Meer positiver Energie fließt in Ihnen zusammen. All Ihre Begrenzungen, Schmerzen, Gedanken und Sorgen lösen sich darin auf.

Abwandlung

Dies ist auch eine ausgezeichnete Methode, um emotionale Schmerzen aufzulösen.

Mit dem Ausatmen erlauben Sie dem Schmerzgefühl sich zu öffnen und sich im Raum aufzulösen. Während die Schmerzenergie in Wellen nach außen strömt, stellen Sie sich vor, daß ein Echo mit heilender Schwingung zu Ihnen zurückkommt. Diese heilende Energiewelle fließt an die Stelle, wo die Schmerzen sitzen. Wenn Sie zum Beispiel ein brennendes Gefühl haben, dann lassen Sie es nach außen strömen und dabei gleichzeitig eine kühle, lindernde Energie in sich einfließen. Wenn Sie aufgeregt sind, dann lassen Sie dieses Gefühl weit werden und sich auflösen, und spüren dabei, wie tiefer Friede in Sie einströmt und Sie mit Wohlbehagen erfüllt. Lassen Sie sich vom ganzen großen Universum das schenken, was Sie im Moment am meisten brauchen. Lassen sie zu, daß sich beim Ausatmen die Spannungsknoten lösen, die Ihren Körper blockieren, Ihren Geist vernebeln und Ihr Herz beengen. Alles in Ihrem Innern öffnet sich der Harmonie. Der Atem badet Ihr Gewebe in Sauerstoff und Licht. Spannungen und Schmerzen lösen sich auf. Die Atemwellen füllen Sie mit der Liebe, dem Mut und der Stärke, die Sie brauchen, um Spannungen, Angst, Zweifel oder Ärger loszulassen und zum Gefühl der inneren Einheit zu gelangen.

Atmen... aufnehmen, was Sie brauchen... alte Begrenzungen loslassen... sich auf die Frequenz heilender Kräfte einstellen... im Gefühl innerer Einheit verweilen...

19 Transformation von Gefühlen

Unsere emotionalen Reaktionen sind gewöhnlich hochgradig konditioniert und laufen automatisch ab. Gebeutelt von unseren Gefühlen sind wir oft in einem verwirrten, unharmonischen und unbehaglichen Zustand. Wenn Sie diesen Prozeß einmal verstanden haben, dann können Sie Ihre Gefühle besser beherrschen und Verantwortung dafür übernehmen. Sie können lernen, Ihr Gleichgewicht wiederzufinden und Ihren Geistkörper in Harmonie zu bringen, indem Sie die Gefühle in sich erzeugen, die den egozentrischen und destruktiven Gefühlsreaktionen entgegenwirken.

Um an der Transformation unserer Gefühle arbeiten zu können, müssen wir erst verstehen, wie sie funktionieren. Ein An-

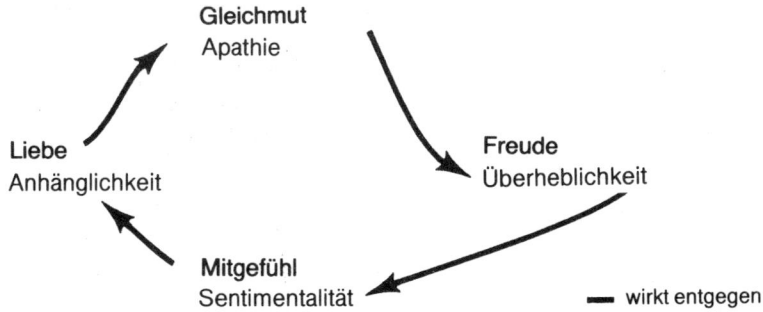

satz dazu ist das folgende Modell. Wir gehen von vier grundlegenden Gefühlszuständen aus und von ihrem ›Schatten‹. Die acht Gefühle stehen miteinander in Wechselbeziehung. Das mit Großbuchstaben bezeichnete Gefühl drückt den reifen Zustand aus, eine wahre und natürliche menschliche Qualität. Das in Kleinbuchstaben daneben stehende Gefühl bezeichnet die Verfassung, in die man durch Ichbezogenheit hineinrutschen kann. Das eine ist eine Manifestation wahrer und freier Intelligenz und das andere die egoistische Form, in die sie sich leicht verwandeln kann.

GLEICHMUT kann zur Apathie führen,
FREUDE zu Überheblichkeit
MITGEFÜHL zu Sentimentalität,
LIEBE zu Anhänglichkeit.

Meditationstraining hilft Ihnen, das Wechselspiel zwischen geistigen Einstellungen, Gefühlen und körperlichen Reaktionen zu verstehen. Wenn Sie wissen, wie dieser komplexe Prozeß funktioniert, können Sie Ihr inneres Gleichgewicht wiederherstellen, indem Sie das Gefühl in sich erzeugen, das als Gegenmittel auf einen gestörten Zustand wirkt.

LIEBE wirkt Apathie entgegen,
GLEICHMUT bewahrt vor Überheblichkeit,
FREUDE löst eine Fixierung auf Sentimentalität,
MITGEFÜHL verhindert Anhänglichkeit.

Wenn Sie sich von jemandem gelangweilt fühlen, dann machen Sie in sich die Liebe zu einer geliebten Person so lebendig, daß sie auf den Menschen vor Ihnen, der vielleicht Liebe braucht, übergehen kann.

Wenn sich Ihr Mitgefühl in Sentimentalität verliert, dann lassen Sie Freude in sich aufsteigen, und wenn Sie Überheblichkeit in sich spüren, dann bringen Sie sich mit Gleichmut auf den Boden zurück.

Jedes Gefühl kann Ausdruck des wahren Wesens des menschlichen Geistes sein oder von Ichbezogenheit entstellt werden. Das eine macht Sie frei, das andere wird Sie immer wieder in Disharmonie verstricken.

Weitere Strategien zur Transformation von Gefühlen

1. Richten Sie in einer emotional geladenen Situation Ihre Aufmerksamkeit auf Ihre körperlichen Empfindungen und Ihre eigenen Gefühle – und nicht auf die Situation oder auf die anderen Beteiligten. Wenn Sie sich verhärten und Ihren Körper verkrampfen, dann machen Sie sich das bewußt. Atmen Sie . . . und entspannen Sie sich. Vergessen Sie nicht, daß nur Sie für Ihre geistigen, emotionalen und körperlichen Reaktionen verantwortlich sind. Atmen Sie, entspannen Sie sich und weiten Sie das Feld Ihrer Aufmerksamkeit aus, um eine neue Reaktionsweise und schöpferische Lösung für das Problem zu finden.

2. Untersuchen Sie die körperlichen Empfindungen und geistigen Bilder, die mit diesem Gefühlszustand einhergehen. Fragen Sie sich: »Wie fühlt sich diese Angst, dieser Ärger, diese Traurigkeit wirklich an? Wo spüre ich das Gefühl in meinem Körper? Wie groß ist es? Woher kommt es und wohin geht es? Welche Gedanken kommen mir, welche ›Tonbänder‹ laufen in meinem Kopf ab, wenn ich mich so fühle?« Sie werden feststellen, daß einfach dadurch, daß Sie Ihre Gefühlsreaktionen hinterfragen, diese an Intensität verlieren. Sie bekommen wieder einen klaren Kopf und können aus einem Zustand zentrierter Stärke handeln.

3. Wenn Sie mit dem Schmerz anderer Menschen konfrontiert sind, dann öffnen Sie Ihr Herz für deren Leiden. Erwecken Sie in sich echtes Mitgefühl; Mitgefühl für die Schwierigkeiten, das Leiden oder die Hilflosigkeit; Mitgefühl für Ihre eigene Frustration oder Hilflosigkeit; Mitgefühl für alle anderen in der gleichen Situation.

4. Wenn andere grausam sind oder unsensibel, dann vergessen Sie nicht, daß sich nur der so verhält, der selbst leidet. Je schneller Sie Ihre eigenen negativen Gefühlsmuster erkennen und transformieren, um so geringer die Gefahr, daß Sie jemand anderen verletzen.

5. Machen Sie sich klar, welche Ironie es ist, wenn man sich ärgert, weil man sich ärgert, oder Schuldgefühle wegen Schuldgefühlen hat. Der erste Schritt zur Veränderung unserer alten konditionierten Gefühlsreaktionen besteht darin, sie zu erkennen und anzunehmen.

6. Befreunden Sie sich mit Ihren verwirrten oder negativen Emotionen. Wenn ein solches Gefühl aufkommt, dann lächeln Sie sich zu und begrüßen Sie das Gefühl: »Aha, Ärger (Vorwurf, Schuld, Neid), da bist du wieder, natürlich!«

7. Entwickeln Sie Flexibilität in Ihren Reaktionen. Üben Sie sich darin, angesichts von Ärger Mitgefühl für sich und andere zu praktizieren, angesichts von Gier Dankbarkeit für alles, was Sie haben, oder angesichts von Neid das Gefühl von Freude über das Glück eines anderen. Sind Sie ungeduldig, dann üben Sie Geduld.

8. Wenn das alles nichts nützt, dann lernen Sie aus Ihren Fehlern! Analysieren sie im nachhinein die Situation, machen Sie sich klar, wie sie in Zukunft besser reagieren könnten: Sie stellen sich eine ähnliche Situation vor und erleben sich darin so, wie Sie sich gerne verhalten möchten.

Je mehr Sie fähig werden, Ihre Gefühle wahrzunehmen und sich einzugestehen, um so besser werden Sie das destruktive Potential negativer Gefühlszustände verstehen. Durch diese direkte Einsicht wird sich Ihnen die Möglichkeit für neue und effektivere Gefühlsreaktionen öffnen, die Ihren Geistkörper, Ihr Verhalten und Ihre Beziehungen in größere Harmonie bringen.

20   Vergebung

Durch die Meditationspraxis wird uns auf ganz natürliche Weise zunehmend bewußt, was in unserem Innern vor sich geht. Uns wird klarer, was wir fühlen und warum wir es fühlen. Wir entdecken die Widersprüche in unserem Leben und kommen mit den Verletzungen in Kontakt, die in alten Beziehungen geschehen sind. Langsam werden wir fähig, Unerledigtes in Ordnung zu bringen und Wunden zu heilen.

Die Vergebungsübung ist ein wunderbares Mittel, um den Schmerz alter Verletzungen zu überwinden, die unser Herz verhärten und uns daran hindern, anderen und uns selbst Vertrauen und Liebe entgegenzubringen. Vergebung ist der Schlüssel zur Öffnung des Herzens, um aus den schmerzhaften Lektionen der Vergangenheit zu lernen und sich ungehindert der Zukunft zuzuwenden.

Setzen Sie sich ruhig hin, entspannen Sie Ihren Körper und stabilisieren Sie Ihren Geist mit dem Atem. Lassen Sie Erinnerungen, Bilder und Gefühle frei aufsteigen – Dinge, die Sie getan, gesagt oder gedacht haben und die Sie sich nicht vergeben haben, egal, wie schmerzhaft sie sind.

Sagen Sie sich von ganzem Herzen: Ich vergebe mir für das, was ich in der Vergangenheit absichtlich oder unabsichtlich getan, gesagt oder gedacht habe. Ich habe genug gelitten! Ich habe gelernt, ich bin gewachsen und bin jetzt bereit, mir selbst mein Herz zu öffnen. Möge ich glücklich sein, möge ich frei sein von Verwirrung, möge ich die Freude wahrer Erkenntnis meiner selbst, anderer und der Welt erfahren. Möge ich Einheit und Fülle in mir finden und anderen helfen, das gleiche zu tun.

Nun stellen Sie sich im Raum vor Ihnen eine Person vor, die Sie lieben und der Sie vergeben wollen, oder deren Vergebung Sie brauchen. Sagen Sie ihr: Von ganzem Herzen vergebe ich dir für die Taten, Worte oder Gedanken, mit denen du mir absichtlich oder unabsichtlich Schmerzen zugefügt hast. Ich vergebe dir und bitte dich, mir für Handlungen, Worte oder Gedanken zu vergeben, mit denen ich dich absichtlich oder unabsichtlich verletzt habe. Ich bitte dich um Vergebung. Mögest du glücklich sein, frei und von Freude erfüllt. Mögen wir beide unser Herz und unseren Geist öffnen und uns in Liebe und Verständnis begegnen. Stellen sie sich vor, daß diese Botschaft gehört und angenommen wird, und sagen Sie sich, daß die Wunden zwischen Ihnen jetzt geheilt sind. Dann lassen Sie das Bild los.

Jetzt stellen Sie sich in dem Raum vor Ihnen eine Person vor, der Sie sehr böse sind. So gut Sie es vermögen, sagen Sie ihr in Ihren eigenen Worten das folgende: Ich vergebe dir von Herzen das, was du mir absichtlich oder unabsichtlich angetan hast. Ich vergebe dir die Handlungen, Worte und Gedanken, die aus deinem eigenen Schmerz, aus Verwirrung, Unsensibilität und

Angst vor mir entstanden sind. Ich vergebe dir und bitte dich, mir zu vergeben, daß ich absichtlich oder unabsichtlich mein Herz dir gegenüber verschlossen habe. Ich bitte dich um Vergebung, daß ich dir Leid zugefügt habe. Mögest du glücklich sein. Mögest du frei sein von Leid und Verwirrung. Mögen wir beide unser Herz und unseren Geist öffnen und uns in Liebe und Verständnis begegnen. Stellen sie sich vor, daß diese Botschaft gehört und angenommen wird und bestätigen Sie sich, daß sich die Kluft zwischen Ihnen wieder geschlossen hat.

Denken Sie nun an die zahllosen Menschen, gegenüber denen Sie sich verhärtet haben. Erinnern Sie sich daran, wie Sie sich gefühlt und was Sie getan haben, wenn Leute Sie ausgenützt oder grob angeredet, Ihren Parkplatz weggeschnappt oder sich vorgedrängt haben ... Überlegen Sie, wieviele Leute Sie selbst schon durch Ihre bewußten oder unbewußten Handlungen, Worte oder Gedanken verletzt haben. Wie oft waren Sie derjenige, der ausgenützt hat, der sich vorgedrängt oder scharf mit jemandem gesprochen hat? Stellen Sie sich vor, daß all diese Menschen vor Ihnen stehen. Sagen Sie ihnen von Herzen folgendes: »Ich vergebe euch die Schmerzen, die ihr mir absichtlich oder unabsichtlich zugefügt habt. Ich bitte euch um Vergebung für die Verletzungen, die ich euch absichtlich oder unabsichtlich angetan habe. Mögen wir alle unser Leben in glückliche Bahnen lenken. Mögen wir aus den Ursachen unseres Leidens herauswachsen und sie transformieren. Möge Verständnis zwischen uns wachsen und Freude an unserer Verbindung. Mögen wir Herz und Geist füreinander öffnen und uns in Harmonie begegnen.«

Wiederholen Sie diese reflexive Meditation so oft Sie wollen. Lassen Sie am Schluß in sich das Gefühl so stark wie möglich werden, daß Sie nun tatsächlich frei von allen Schuldgefühlen und allem Vorwurf sind. In diesem Augenblick fühlen Sie Vergebung in sich und das geduldige Annehmen Ihrer vergangenen Handlungen.

21   Erweiterung des Mitgefühls

Die folgende Meditation stammt aus einem Vortrag
des Dalai Lama

Vermeiden Sie es, andere zu verletzen, und dienen Sie anderen, wann immer möglich.

Wenn Sie Ihr Mitgefühl erweitern wollen, stellen Sie sich folgendes vor: Zuerst visualisieren Sie sich als neutrale Person. Dann visualisieren Sie zur Rechten Ihr altes Selbst als eine Person, die nach nichts anderem strebt als ihrem eigenen Wohlergehen, die nicht im geringsten an andere denkt, die alles und jedes ausnützt, wenn sich die Gelegenheit bietet, und die nie zufrieden ist. Auf der linken Seite Ihres neutralen Selbst visualisieren Sie eine Gruppe von Menschen, die wirklich leiden und Hilfe brauchen.

Nun überlegen Sie: Alle Menschen haben das natürliche Bedürfnis, glücklich zu sein und Leiden zu vermeiden. Alle Menschen haben gleichermaßen das Recht, glücklich zu sein und von Leiden frei zu werden. Denken Sie weise und unegoistisch darüber nach: Jeder möchte Glück, niemand möchte ein Narr sein oder so wie dieser Egoist.

Wenn wir also gute Menschen sein wollen, mehr von Vernunft und Logik geleitet, dann wollen wir nicht diesem engstirnigen Egoisten gleichen. Wir möchten mit dieser isolierten, egoistischen, gierigen, unzufriedenen Person nichts zu tun haben. Hätten wir die Wahl, uns dem Egoisten oder der Gruppe anzuschließen, dann würden wir uns auf die Seite der Gruppe stellen.

Natürlich gewinnt bei dieser Übung nicht der einzelne, sondern es gewinnen die vielen unser Herz. Je mehr Sie auf die Seite der vielen rücken, um so weiter entfernen Sie sich von Ihrem Egoismus. Da Sie selbst ja der Meditierende sind, wird Ihr Sinn für Selbstlosigkeit immer mehr wachsen. Wenn Sie diese Übung zur täglichen Praxis machen, dann ist das hilfreich.

»Der schwierigste Zustand, in dem man sich befinden kann, besteht darin, sein Herz für das Leiden, das einen umgibt, zu öffnen, und gleichzeitig weises Unterscheidungsvermögen zu bewahren. Es ist viel leichter, nur das eine oder das andere zu tun; das Herz offen zu halten und sich in Mitleid zu verlieren, empathischem Leiden, selbstgerechter Empörung etc.; oder sich als Zeuge in der Distanz zu halten. Wenn man einmal verstanden hat, daß wahres Mitgefühl aus der Verquickung des offenen Herzens mit dem ruhigen Geist erwächst, dann ist es immer noch schwer, die Balance zu finden. Meistens tun wir eins nach dem anderen. Wir öffnen unser Herz, und verlieren uns im Melodrama, dann meditieren wir und gewinnen unseren ruhenden Mittelpunkt wieder, indem wir uns nach innen zurückziehen. Wir öffnen uns erneut und kommen wieder in den Sog der Gefühle. So geht es ein ums andere Mal.

Es braucht eine ganze Weile, das Gleichgewicht zu finden. Am Anfang fühlt man sich durch das unterscheidende Bewußtsein, das zu dem Kreislauf dazugehört, so als hätte man das zarte Mitgefühl ganz und gar verloren. Aber jedesmal, wenn man sich dem Mitleid wieder öffnet, verliert man sich im Drama und erkennt, daß es so nicht geht: Wenn man anderen, die leiden, wirklich helfen will, dann muß man einfach Herz und Geist zusammenwirken lassen, so daß man weich und fließend bleibt und gleichzeitig klar und frei. Man muß auf diesem schmalen Grat wandeln. Es scheint unmöglich zu sein, aber tun Sie es einfach. Anfangs können Sie das Gleichgewicht nur mit bewußter Anstrengung aufrechterhalten. Schließlich werden sich jedoch das offene Herz und der ruhige Geist in Ihnen verschmelzen. Dann gibt es keinen Kampf mehr; Sie sind einfach so.«

RAM DASS

22   Liebevolle Zuwendung

Diese Meditation wurde von B. Allan Wallace angeregt.

Entspannen Sie den Körper, atmen Sie dreimal tief durch und bleiben Sie dann kurze Zeit mit Ihrem Bewußtsein bei Ihrer natürlichen Atmung.

Aus einem Zustand relativer Gelassenheit und Ruhe und beginnen wir mit der reflexiven Meditation zur Entwicklung liebevoller Zuwendung. Zuerst richten wir unsere Aufmerksamkeit auf uns selbst und sehen die unguten Verhaltensmuster, in die wir immer wieder verfallen, und die geistigen Verzerrungen, denen wir immer noch unterworfen sind; und doch erkennen wir, daß unser innerster Kern rein ist und der Geist in seinem Wesen unbefleckt. Hier liegt ein unergründliches Potential an Weisheit und Mitgefühl; gerade der Wunsch nach Wohlbefinden, nach Glück, nach Freiheit von Leid kann als Ausdruck dieser wahren Natur verstanden werden. Ziehen Sie die Schleier weg, so daß sich ihr ganzes Potential manifestieren kann. Lassen Sie aus dieser Perspktive – unter Anerkennung der Schwächen, der unzuträglichen Charakterzüge und Verhaltensweisen die Sehnsucht und das Gebet in sich stark werden: Möge ich von diesen Trübungen frei werden, frei von Ärger, frei von Gier, frei von Verwirrung, frei von Arroganz. Möge ich von dem seelischen Leiden frei werden, das aus solchen geistigen Fehlhaltungen entsteht. Möge ich förderliche Eigenschaften, die auch in mir sind, wie liebevolle Zuwendung, Weisheit und Geduld, erkennen und in mir entfalten. Für mein eigenes Wohlergehen und das von anderen mögen diese zur Blüte kommen. Möge mir die wundervolle Erfahrung eines ausgeglichenen Lebens zuteil werden, die aus der Stabilisierung des Geistes, aus echtem Mitgefühl und tiefer Einsicht erwächst. In diesem Sinne wünsche ich mir Glück und Wohlergehen. Mögen meine Ängste und Sorgen von mir abfallen. Möge ich Freude finden, die nicht von Angst getrübt ist, Freude, die nicht gefährdet ist, weil sie auf angenehmen Eindrücken oder glücklichen Umständen beruht, sondern Freude, die meinem eigenen Herzen entspringt. Stellen Sie sich vor, daß dies so ist, jetzt und hier, so lebendig und realistisch wie möglich.

Führen Sie sich nun eine geliebte Person vor Augen, einen Menschen, den Sie achten und lieben und bei dessen Anblick Sie spontan Freude und Zuneigung empfinden. Auch diese Person hat wahrscheinlich – so wie Sie – Schwächen, tut Dinge, die niemandem nützen, und ist geistigen Fehlhaltungen unterworfen; aber ebenso wie Sie hat sie ein wahres Wesen und besitzt die Fähigkeit zu vollem geistigen Erwachen. Sie möchte – genau wie Sie – von Leid frei sein und wahre Freude und wahres Glück erleben. Und so können Sie ihr wünschen: Möge diese Person genauso wie ich immer freier werden von geistiger Unklarheit und unzuträglichem Verhalten, und von den Konflikten und dem Leiden, die daraus entstehen. Möge sie die förderlichen Eigenschaften in sich entfalten, auf welchem Weg es auch sein mag. Möge sie ihren eigenen Weg entdecken, auf dem sie das Beste für sich findet. Möge sie, wie ich selbst, froh und glücklich sein, frei von unnötigem Leid und Gram, damit diese Eigenschaften gedeihen können und sich ihr wahres Wesen offenbart. Stellen Sie sich so lebendig wie möglich vor, daß es so ist.

Richten Sie Ihre Aufmerksamkeit jetzt auf jemanden, der Ihnen gleichgültig ist. Vielleicht ein Verkäufer in einem Geschäft, ein Tankwart oder ein Arbeitskollege, für den Sie nichts besonderes empfinden. Erkennen Sie, daß auch diese Person – wie Sie selbst – ihr wahres Wesen in sich trägt, und Leid und Freude empfindet. Diese Person hat vielleicht keinerlei spirituelle Orientierung, aber ihre Erfahrung von Freude und Leid ist deswegen nicht weniger real, nicht weniger wichtig. Möge diese Person – genauso wie ich – die zuträglichen Eigenschaften in sich entfalten und die unzuträglichen ablegen, und möge sie – wie ich – froh und glücklich sein, frei von unnötigem Schmerz, von Gram und Furcht. Stellen Sie sich vor, daß es so ist.

Zuletzt nehmen Sie eine Person, die Sie wirklich nicht mögen, jemanden, den Sie am liebsten gar nicht sehen würden, von dem Sie nicht einmal etwas wissen wollen. Vielleicht hat Ihnen diese Person etwas angetan, oder Sie lehnen sie einfach wegen ihres Charakters ab. Machen Sie sich klar, daß das, was Sie ablehnen, die Fehlhaltungen und unangenehmen Verhaltensweisen, eine Quelle des Leidens sind, dem diese Person – wie Sie selbst – unterworfen ist, wenn auch vielleicht auf gröbere Weise. Da es unrealistisch und unnütz ist, sich mit den eigenen Schwächen zu identifizieren, sollte man auch eine andere Person nicht mit ihren Schwächen und ihrer Drangsal in eins setzen. Erkennen Sie, daß diese Person – wie Sie selbst – glücklich sein möchte und frei von Leid. Vielleicht strebt sie auf Irrwegen danach, aber der Wunsch ist doch nicht weniger real, die Erfahrung von Freude und Leid nicht weniger wirklich. Wenn diese Person die richtigen Mittel finden würde, um ihr Unglück abzustreifen und das unnötige Leid und den Konflikt an der Wurzel zu fassen und zu beseitigen, dann hätten Sie keinen Grund mehr, sie abzulehnen. Ein schöner Mensch würde sichtbar. Unter diesem Blickwinkel ist es nicht schwer zu wünschen: Möge diese Person – so wie ich – froh und glücklich sein. Möge die Bedrängnis von ihr abfallen. Möge ihr wahres Wesen und ihre Schönheit in Erscheinung treten. Stellen sie sich vor, daß es so ist.

Am Ende der Meditation verwandeln wir diese Bewußtseinsqualität in eine Form. Wir stellen uns in unserem Herzen eine Perle aus strahlend weißem Licht vor, Sinnbild für Reinheit und Liebe, für unser wahres Wesen. Gespeist aus einer unerschöpflichen Quelle ergießt sich dieses Licht in jede Zelle, bis der ganze Körper davon durchtränkt ist – vom Licht der Liebe, der Reinheit und der Reinigung.

Nun stellen Sie sich vor, daß der Körper dieses Licht nicht länger fassen kann, daß es überfließt und den Raum erfüllt. Eine unerschöpfliche Lichtquelle ergießt sich in alle Richtungen, nach vorne und nach hinten, nach rechts und nach links, nach oben und nach unten – als Ausdruck Ihrer liebevollen Hinwendung zu allen Menschen, die wie Sie nach Glück streben und von Leid frei sein möchten. Stellen Sie sich vor, daß diese Lichtstrahlen Menschen in Ihrer Nachbarschaft, in Ihrer Stadt berühren, daß sie Nahrung bringen, wo Armut und Hunger herrschen, Regen, wo Trockenheit ist, Harmonie, wo Konflikt ist und Frieden, wo Haß ist. Lassen Sie dieses Licht über die ganze Erde strahlen und darüber hinaus.

So kommt die geistige Kraft dieser Übung nicht nur uns selbst zugute, unserem individuellen Wohlergehen, sondern dem Wohlergehen und dem Frieden der ganzen Welt, allen Menschen ohne Ausnahme. Wir geben alles, was wir haben, und erhalten mehr zurück.

Wenn Sie Ihre Meditationssitzung wenigstens einmal am Tag auf diese Weise beenden, so fügen Sie Ihrer Praxis eine Dimension hinzu, die Sie und die Menschen, mit denen Sie in Berührung kommen, bereichert.

23 Die vier Harmoniestifter

Bei dieser Übung vertieft man sich in die Kontemplation vier innerer Haltungen, die durch Zeit und Raum nicht begrenzt sind: Liebe, Mitgefühl, selbstlose Freude und Gleichmut.

Liebe äußert sich in dem Wunsch, daß alle Wesen glücklich sein mögen, *Mitgefühl* in dem Wunsch, daß alle frei von Leid sein mögen, *altruistische Freude* bedeutet Freude am Wohlergehen anderer, und *Gleichmut* ist eine Haltung der Unparteilichkeit (nicht Gleichgültigkeit), die von der grundsätzlichen Gleichheit aller Wesen ausgeht.

Lassen Sie Gleichmut in sich entstehen, indem Sie sich die prinzipielle Gleichheit aller Wesen vor Augen führen. Jeder strebt nach Glück und Wohlergehen und sucht Leiden zu vermeiden. Stellen Sie sich vor: »Wie herrlich wäre es, wenn sich alle Menschen in Gleichmut und Offenherzigkeit begegnen würden! Mögen alle diesen Gleichmut erlangen, indem sie die wesenhafte Gleichheit aller Menschen erkennen. Ich werde diese Erkenntnis in mir verwirklichen und anderen helfen, das gleiche zu tun.«

Erzeugen Sie in sich die Haltung grenzenloser Liebe, indem Sie sich klarmachen, daß alle anderen wie Sie selbst nach Glück streben. Lassen sie den Gedanken in sich lebendig werden: »Wie herrlich wäre es, wenn alle Wesen glücklich wären und die Samen für Glück säen würden! Mögen sie dieses Glück erlangen, und möge ich fähig werden, ihr Glück zu vermehren.«

Erzeugen sie in sich die Haltung grenzenlosen Mitgefühls. Betrachten Sie all den Schmerz, all das Leid und die Krankheiten, denen die Menschen und andere Lebewesen unterworfen sind. Lassen Sie den Gedanken in sich lebendig werden: »Wie herrlich wäre es, wenn alle Menschen von Leid und den Ursachen des Leids frei wären! Mögen sie von ihrem Leid frei werden, und möge ich die Weisheit und Kraft entwickeln, ihnen dabei zu helfen.«

Erzeugen Sie in sich die Haltung grenzenloser, selbstloser Freude, indem Sie sich das positive Potential aller Menschen verdeutlichen. Lassen Sie in sich den Gedanken lebendig werden: »Wie herrlich wäre es, wenn alle Wesen die Freude des Verstehens und der Verwirklichung ihres positiven Potential erfahren würden. Mögen Sie alles Schöne in sich zur Blüte bringen! Ich werde ihnen helfen, die Ursachen wahrer Freude zu entdecken.«

Wenn Sie ein Gefühl für diese Qualitäten entwickelt haben, dann vertiefen Sie sich einfach in die Kontemplation. Stellen Sie sich vor, daß Ihre Liebe, Ihr Mitgefühl, Ihre Freude und Ihr Gleichmut den Raum erfüllen und alle Wesen erreichen.

24 Geben und Nehmen

Den größten Teil unseres Lebens haben wir mit dem Bestreben verbracht, unser eigenes Glück und unsere Bequemlichkeit zu mehren. Dieses ständige Hätscheln des eigenen Selbst hat unseren Geist dazu erzogen, nach allem Angenehmen zu greifen und alles Unangenehme wegzustoßen und die Hinwendung zu anderen, die ja genauso sind wie wir, zu vernachlässigen.

Diese Meditation über das *Geben* von Glück und das *Nehmen* von Schmerz ist eine sehr wirksame Methode, um zu lernen, sich anderen auf sinnvolle und heilsame Weise zuzuwenden. Es ist nicht leicht sich vorzustellen, daß man das Leid anderer auf sich nimmt, deswegen fängt man am besten damit an, die *eigenen* Schwierigkeiten und Schmerzen bewußt in sich hineinzunehmen und zu transformieren.

Beginnen Sie mit der Meditation zur körperlichen Leere. Wenn Sie in diesem Zustand sind, lassen Sie *alle* Ihre Gefühle, Empfindungen, Bilder, Gedanken und andere Erfahrungen frei durch diesen inneren Raum hindurchfließen, ohne Widerstand oder Festhalten. Seien Sie Ihres Atems bewußt, der ein- und ausfließt. Nun visualisieren Sie im Herzzentrum ein schwarzes Loch.

Beim Einatmen ziehen Sie all Ihre geistigen und körperlichen Schmerzen, die Sie sich als schwarzen Rauch vorstellen, in diese Öffnung hinein und visualisieren, daß sie sich darin auflösen und verschwinden.

Jetzt stellen Sie sich das Loch weiß vor. Beim Ausatmen visualisieren Sie klares, strahlendes, weißes Licht, das in Wellen aus Ihrem Herzzentrum hervorströmt und Ihren Körper und Geist mit Energie auflädt und transformiert.

Nun weiten Sie diese Übung auf all Ihre negativen Einstellungen und Empfindungen aus, die der Rest des Tages noch mit sich bringen wird, der nächste Tag, die nächste Woche, das nächste Jahr... Lassen Sie all diese Negativität als schwarzen Rauch in Ihr Herzzentrum strömen und strahlen sie reines, weißes Licht aus, das Gesundheit, Glück und Weisheit in Ihnen wachsen läßt.

Wenn Sie geübt haben, Ihr eigenes Leiden anzunehmen, fühlen sie sich vielleicht dazu bereit, auch das Leid anderer anzunehmen – das eigentliche Ziel dieser Meditation.

Die Übung wird leichter, wenn wir sie mit dem Ein- und Ausatmen verbinden. Wir atmen langsam und ruhig ein und erzeugen dabei in uns den Willen, das Leid anderer anzunehmen. Mit dem Atmen ziehen wir dunklen Rauch in uns hinein und absorbieren ihn. Dann erzeugen wir in uns reines, weißes Licht, das vom Herzen kommend aus den Nasenlöchern herausfließt, verbunden mit dem Wunsch, unser eigenes Glück anderen zu schenken, um ihr Leid zu erleichtern. Dieses Licht strahlt in alle Richtungen durch Raum und Zeit und bringt jedem Wesen das, was es am meisten braucht, um glücklich zu sein.

Vielleicht fragen Sie sich, ob diese Übung wirklich irgendeinen konkreten Nutzen hat, denn obwohl wir visualisieren, daß wir das Leid anderer annehmen, scheint sich in ihnen nichts verändert zu haben. Unser Glück scheint nirgendwo anzukommen, und das Leid anderer scheint nicht weniger zu werden.

Es geht aber darum, daß dieses ›Geben und Nehmen‹ unsere geistige Entwicklung vorantreibt. Wir durchbrechen unsere Gewohnheit, immer nur nach unserem eigenen Glück zu haschen und gleichgültig gegenüber dem Leid anderer zu sein. Dadurch überwinden wir die Hindernisse auf dem Weg der Selbstverwirklichung und positive Qualitäten kommen in uns zur Reife.

Allmählich entwickeln wir in uns die Fülle des Mitgefühls, der Kraft und der Weisheit – bis unser Geist vollständig erwacht. Dann werden wir fähig sein, anderen wirklich zu helfen.

25   *Meditation über den Lehrer*

»Glaube nicht an das, was du gehört hast; glaube nicht an die Über-
lieferungen, weil sie von Generation zu Generation weitergegeben
worden sind; glaube nicht an das, was als Gerücht umgeht oder in
vieler Munde ist; glaube nicht einfach deswegen, weil ein schriftli-
ches Zeugnis eines alten Weisen vorgelegt wird; glaube nicht an
Mutmaßungen; glaube nicht an das als wahr, woran du dich durch
Gewohnheit gebunden hast; glaube nicht einfach an die Autorität
deiner Lehrer und Älteren. Nach Beobachtung und Analyse, wenn
etwas mit der Vernunft übereinstimmt und Wohl und Nutzen des
einzelnen und der Gesamtheit fördert, dann nimm es an, übe es
und lebe danach.«

BUDDHA

Diese Meditation stammt aus *Silent Mind, Holy Mind* von Lama
Thubten Yeshe.

Folgende Übung können Sie täglich machen: Setzen oder knien
Sie sich hin, bequem und entspannt, aber mit geradem Rücken.
Visualisieren Sie vor sich mit Ihrem geistigen Auge Jesus (oder
einen anderen großen Lehrer oder spirituellen Freund). Sein
Gesicht hat einen gelassenen, friedlichen und liebevollen Ausdruck. Wählen Sie für diese Visualisation ein Bild des auferstan-
denen Christus oder des lehrenden Jesu.

Nun visualisieren Sie, daß vom Scheitel seines Kopfes weißes
Licht zum Scheitel Ihres Kopfes fließt. Dieses weiße Licht ist der
Träger beseelender Energie; wenn sie in Ihren Körper eintritt,
reinigt sie ihn von den Verschmutzungen und Sünden, die sich
in zahllosen Leben angesammelt haben. Diese beglückende,
weiße Energie wirkt heilsam auf alle Krankheiten des Körpers,
selbst auf Krebs, und aktiviert und erneuert die Funktion Ihres
gesamten Nervensystems.

Nun visualisieren Sie rotes Licht, das von der Kehle Jesu zu
Ihrer eigenen Kehle strahlt und Ihr Stimmzentrum mit Seligkeit
erfüllt. Wenn Sie in diesem Bereich Schwierigkeiten haben, immer lügen, Ihre Zunge nicht im Zaum halten können, üble
Nachrede pflegen, grobe Worte gebrauchen usw., dann reinigt
Sie diese wunderbare rote Energie von solchen negativen Äußerungen. Sie werden dann die göttlichen Eigenschaften des Wortes entdecken.

Nun fließt vom Herzen Jesu strahlend blaues Licht in Ihr eigenes Herz und reinigt Ihren Geist von all seinen falschen Begriffen. Ihr egoistisches, kleinliches Ego – Häuptling oder Präsident der Illusionen und die drei Gifte der Gier, des Hasses und der Unwissenheit, die Minister des Egos – werden von diesem segensreichen, blau-strahlenden Licht gereinigt. Der unentschiedene Geist, von Zweifeln geplagt und gefangen zwischen »vielleicht dies« oder »vielleicht jenes« klärt sich. Auch der Geist, der das Ganze nicht sehen kann, weil sein Blickwinkel verengt ist, wird weit. Wenn die Lichtenergie Ihren Geist erfüllt, wird Ihr Herz wie der blaue Himmel, der die universale Wirklichkeit und den ganzen Raum umspannt.

Diese dreifache Reinigung von Körper, Rede und Geist kann dem, der eine tiefe Verehrung für Jesus empfindet, eine große Hilfe sein. Wenn Sie nicht in der Lage sind, die Visualisation so auszuführen, dann konzentrieren Sie sich nur auf das Herz Jesu. Aus diesem Zentrum strömt wunderbar strahlende, weiße Energie in Ihr Herz und reinigt Sie von allen Beschmutzungen. Diese vereinfachte Übung kann dennoch äußerst hilfreich sein.

Beschließen Sie die Meditation damit, daß Sie sich in Ihrem Herzen eine blühende Lotusblume vorstellen. Die barmherzige Gestalt, die Sie vor sich visualisiert haben, sinkt in Ihr Herz hinein und nimmt auf dem Lotusthron Platz. Alles, was Sie nun essen oder trinken, wird eine Opfergabe für Jesus in Ihrem Herzen. Wenn Sie diese Meditation täglich mit guter Konzentration und reiner Motivation machen, dann kann sie Ihr Handeln, Ihre Worte und Gedanken transformieren und Sie den göttlichen Eigenschaften Jesu näher bringen.

»Stille Meditation, ohne Gedanken, vollständig offen, wach und gewahr, das ist absolutes Gebet!«

LAMA THUBTEN YESHE

26 Mutter der Barmherzigkeit

Die Anleitung zu dieser Meditation bekam John Blofeld von einer
alten Nonne in Kanton.

Sie setzen sich auf einen Hügel, so hoch, daß Sie nur den Himmel vor sich haben. Mit dem Geist machen Sie alles leer.

Nichts ist da, sagen Sie sich.
Und so sehen Sie es auch – nichts, Leere.
Dann sagen Sie ahhh . . .
Doch, da ist etwas!
Da ist doch das Meer
und der MOND ist aufgegangen,
voll, rund, weiß.

Und Sie sehen ihn wie das Meer,
silbrig glänzend im Mondlicht
mit kleinen, weiß gekrönten Wellen.
Und in der blau-schwarzen Himmelskuppel
hängt der große Mond
hell, aber ohne zu blenden,
mild strahlend.

Lange, lange schauen Sie den Mond an,
spüren Frieden und Glück in sich.
Dann wird der Mond kleiner,
aber heller und heller und heller,
bis Sie ihn als strahlende Perle sehen,
so hell, daß Sie es kaum ertragen können.

Die Perle beginnt zu wachsen.
Und plötzlich, eh Sie sich's versehen,
ist Kuan Yin da, die Mutter der Barmherzigkeit,
erhebt sich vor dem Himmel
in strahlend weißem Gewand,
ihre Füße auf einer Lotusblüte,
die auf den Wellen tanzt.

Sie sehen sie so deutlich, wie ich Sie sehe –
wenn Sie einmal wissen, wie man es macht.
Ihr Kleid glänzt hell und ihren Kopf umgibt ein
Kranz aus Licht.
Sie lächelt Sie an, ein Lächeln voll Liebe.
Sie ist so glücklich Sie zu sehen, daß in Ihren Augen
Freudentränen schimmern.
Wenn Sie Ihren Geist ruhig halten,
ihren Namen nur flüstern
und sich nicht zu sehr bemühen,
dann wird sie lange bleiben.

Geht sie schließlich,
so wird sie kleiner und kleiner.
Sie wird nicht wieder zur Perle,
wird einfach so klein,
daß sie Ihrem Blick entschwindet.
Dann merken Sie, daß auch der Himmel und das Meer
verschwunden sind.
Nur noch Raum, wunderbarer Raum, der in die Ewigkeit
reicht ...
Dieser Raum bleibt lange,
wenn Sie ohne *Ich* auskommen.
Nicht *Sie* und Raum,
nur Raum.

Kein Sie!

27   Sphäre des Lichts

Setzen Sie sich ruhig hin mit geschlossenen oder leicht geöffneten Augen. Stellen Sie sich im Raum vor und über Ihnen einen
strahlenden Lichtball vor. Diese Lichtsphäre ist für Sie die Verkörperung all jener geistigen, körperlichen und emotionalen
Qualitäten, die Sie derzeit in Ihrem Leben am meisten brauchen.

Stellen Sie sich vor, Sie würden in diesem Licht wie in der
Sonne baden und von ihm Entspannung, Ruhe, Klarheit und

innere Stärke empfangen. Mit jedem Atemzug lassen Sie die Strahlen tiefer in Ihren Körper und Geist eindringen.

Nun stellen sie sich vor, daß diese Lichtsphäre Strahlen in alle Ecken des Universums sendet, zu allen Quellen der Inspiration und Heilkraft, derer Sie bedürfen. Durch diese Strahlen fließt all die harmonisierende und heilende Energie, die in Zeit und Raum existiert, in die Lichtsphäre zurück. Sie lädt sich auf mit Energie, wird zu einem wunderbaren Kristall, dessen Kraft Ihnen wie aus tausend Sonnen zuströmt. Das Licht löst Ihre Spannungen, Schmerzen und Sorgen auf, heilt und öffnet Ihren Körper, Ihr Herz und Ihren Geist. Sie spüren, wie die Wolken der Dunkelheit vom Licht vertrieben werden. Der trübe Nebel der Trägheit wird von vitaler innerer Ruhe zerstreut.

Jetzt stellen Sie sich vor, daß die Lichtsphäre sich Ihnen nähert und ihr Licht über Sie ergießt. Sie berührt Ihren Kopf, und Sie spüren einen Schauer dieses reinigenden, heilenden Lichts durch Ihren ganzen Körper. Es wäscht ihn durch und durch rein. Sie sehen Ihren Körper als Kristall, von Regenbogenlicht durchflutet. Das Licht kann nun durch Sie in die Welt hinaus fließen, es strahlt aus Ihren Augen, Ihrem Herzen und aus den Poren Ihrer Haut. Wellen heilenden, kristallklaren Regenbogenlichts durchfließen Sie und strömen hinaus in die Welt.

28 Mantra: Schutz für den Geist

»Durch die Parallelität von Körper, Geist und Rede, die Koordination von Bewegung, Gedanken und Wort und die Harmonie von Gefühl, schöpferischer Phantasie, Vorstellungskraft und verbalem Ausdruck gelangen wir zur Einheit aller Funktionen unseres bewußten Seins; dadurch wird nicht nur die Oberfläche unserer Persönlichkeit verändert – nämlich unsere Sinne und unser Intellekt – sondern auch die tieferen Regionen unseres Geistes. Durch die regelmäßige Ausübung eines solchen religiösen Ritus werden die Grundlagen unseres Wesens langsam, aber sicher transformiert und für das innere Licht empfänglich.«

LAMA GOVINDA

Als ich einmal als Knabe mit meinem Großvater in der Synagoge war, kam ein sehr alter, frommer Mann zu uns herüber, um uns zu begrüßen. Er war mir schon immer ganz besonders fromm und weise erschienen, und als er in unsere Nähe kam, schien er heiter etwas vor sich hin zu murmeln. Seine Lippen bewegten sich und als er vor uns stand, sagte er laut auf Hebräisch: »Der Herr ist gut.« Während er mit Großvater kurz plauderte, floß dieses Mantra ununterbrochen, kaum hörbar, weiter. Seine letzten Worte an uns waren die gleichen wie die ersten, und als er wegging, schien es, als würde er auf einer mantrischen Welle gleiten, die seinem Geist Ruhe und Frieden bringt.

Im Laufe der Zeit bin ich in jeder mediativen Tradition, die ich studiert habe, in den Gebrauch von Mantras eingeführt worden. Die eigentliche Bedeutung des Wortes Mantra ist ›Geistschutz‹. Das heißt, daß man durch Mantrarezitation den Geist davor bewahrt, seine Klarheit und Kraft durch zufällige und negative Gedanken zu zerstreuen. In vielen meditativen Traditionen geht der ruhigen Kontemplation eine Phase religiösen Gesangs oder der Wiederholung von Mantras voraus. Die ständige Wiederholung heiliger Gesänge oder Silben beruhigt das feine Nervensystem und wirkt auf den Geist sammelnd und stärkend.

Der Gebrauch solcher ›Geistschützer‹ ist eine alte heilige Wissenschaft. Wer sich darin auskennt, weiß, welcher Klang und welche Schwingung geeignet sind, um spezifische geistige Qualitäten herauszubilden oder sensibler zu machen. In der indianischen Tradition wurden junge Männer oder Frauen auf Visionssuche geschickt mit der Anweisung, darauf zu horchen, ob der Große Geist sie in dieser Zeit der Wachsamkeit und Empfänglichkeit den heiligen Gong oder den Todesgesang hören ließe. Nach Tagen des Gebets, des Fastens und anderer schwerer Prüfungen konnte es geschehen, daß sie tatsächlich einen heiligen Ton oder Gesang hörten, den sie als Geschenk des Großen Geistes betrachteten. Von da an diente diese Todesmelodie dazu, den Geist in kritischen Lebensphasen zu stabilisieren und zu schützen. Hatte man sich im Laufe des Lebens diesen heiligen Klängen wieder und wieder zugewandt, insbesondere in schwierigen Situationen, dann konnte man sich ihnen in der

Stunde des Todes ganz und gar hingeben und auf ihren Schwingen über die Schwelle zwischen den Welten ins Reich des Geistes getragen werden.

In der tibetischen Tradition werden bestimmte Mantras viele hunderttausend-, ja hundertmillionenmal im Lauf des Lebens rezitiert. »OM MANI PADME HUM, OM AH HUM VAJRA GURU PEDME SIDDHI HUM und OM TARE TUTTARE TURE SVAHA« sind die gebräuchlichsten. Die ständige innere Wiederholung eines solchen Mantras macht Geist und Körper zum Resonanzboden ihrer Schwingung und bringt den Praktizierenden in direkten Kontakt mit der Quelle geistiger Kraft und Inspiration.

Es heißt, daß die Macht der Mantras auf der Energie beruhe, die sich in den Jahrtausenden ihres Gebrauchs durch bewußte Wiederholung angesammelt habe. Durch das Singen des Mantras kommt der Geistkörper in Resonanz mit dem kosmischen Reservoir akkumulierter Energie. Wenn man empfänglich geworden ist, dann wird man den segnenden Energiestrom eines spezifischen Mantras erfahren.

Ich habe diese meditative Praxis in Kliniken mit Patienten geübt, die ihren Geist beruhigen und besänftigen mußten, mit Schwangeren, Sterbenden und geliebten Menschen. Während einer Schwangerschaft kann die Frau oder das Paar ein Mantra singen oder ein Lied, das ihnen besonders viel bedeutet. Allmählich nimmt das Kind diese Schwingung im Mutterleib auf. Nach der Geburt können die Klänge als Wiegenlied gebraucht werden; sie werden dem Kind Vertrauen einflößen und ihm helfen, das Geburtstrauma zu überwinden. Auch andere Mitglieder der Familie, selbst der Babysitter, können das Mantra lernen und dem Kind damit Trost zukommen lassen. Oft sind Kinder sehr empfänglich für diese Klänge, die sie schon vom Mutterleib her kennen.

Das Mantra »OM MANI PADME HUM« war für viele mir nahestehende Menschen ihr letztes Wiegenlied, das ihnen den Übergang im Tod erleichtert hat. In den letzten Tagen ihres Lebens, als es in Worten nicht mehr viel zu sagen gab, hat die sanfte Schwingung dieses oder anderer Mantras ihren Geist in Harmonie gebracht auf dem Weg in immer feinere Bewußtseinszustände.

Einer meiner weisesten und freundlichsten Lehrer, ein wahrer Meister der Meditation, der fast ein Drittel seiner 82 Jahre in kontemplativer Zurückgezogenheit verbracht hat, singt ununterbrochen Mantras, während er seine segnende Kraft ungezählten Wesen zukommen läßt. Die Wiederholung des Mantras ist dann eine geistige Zielübung: Das Mantra trägt die Liebesschwingung des eigenen Herzens zu allen Lebewesen. Christen können den Namen JESUS oder HALLELUJA intonieren, Juden das Schema OR SCHALOM, Sufis den ZIKKR, andere OM, LIEBE, FRIEDEN, FREUDE oder dergleichen. In der Tat sind die traditionellen Mantras mit Macht ausgestattet; ob man ihrer jedoch teilhaftig wird, ist von der inneren Haltung abhängig, mit der man praktiziert.

Mantrameditation ist eine einfache Übung. Sie setzen sich ruhig hin und rezitieren im Geist ein Mantra; dabei lauschen Sie auf seinen Klang und seine Resonanz in Ihrem Innern. Schweift Ihr Geist ab, so kehren Sie einfach zur Wiederholung des Mantras zurück und halten Ihre Aufmerksamkeit bei dem, was Sie tun. Wenn Sie diese Methode ausweiten wollen, visualisieren Sie Lichtwellen und gute Schwingungen, die aus Ihrem Herzen zu anderen hinströmen und Licht, Liebe und Glück in eine Welt bringen, in der es so viel Dunkelheit, Schmerz und Angst gibt.

Mit einem Mantra zu arbeiten, kann Ihnen im Alltag helfen, ruhig zu werden und sich zu sammeln. Es ist eine einfache Methode, Zeitspannen, die normalerweise verschwendet werden, dafür zu nutzen, positive Eigenschaften in sich zu stärken und zu entfalten, zum Beispiel, wenn Sie Autofahren, in der Schlange stehen, am Telefon warten oder auf der Straße gehen. Auf diese Weise können Sie alle gewöhnlichen Aktivitäten mühelos in Ihre Meditationspraxis integrieren.

Die Essenz der Mantrapraxis liegt mehr in einem bestimmten Geisteszustand als in seiner Intonation. Im tiefsten Sinn handelt es sich um einen Zustand von Herz und Geist, in der die Nicht-Dualität und wechselseitige Beziehung aller Wesen und Dinge erkannt wird. Daraus erwächst das spontane Bedürfnis, zum Wohlergehen anderer beizutragen. Dies geschieht nicht nur durch freundliche Worte und hilfreiches Tun, sondern durch eine Resonanz von Herz und Geist, die es erlaubt, andere auf tiefe, ruhige und liebevolle Weise zu berühren.

Wenn der Geist mit Äußerlichkeiten beschäftigt ist, dann kann das Mantra sehr positiv auf den inneren Zustand und die äußere Atmosphäre wirken. Je mehr sich Ihr Geist beruhigt und seine Schwingung verfeinert, um so mehr werden Sie bei der Wiederholung des Mantras vom Ton in die Stille übergehen, bis Sie in seinem innersten Wesen verweilen – schweigendes Gebet, formloses *Sein*. So wird aus dem Mantra und dem gesprochenen Gebet das wortlose Gebet des Herzens.

29 Meditation mit dem Partner

»Von jedem Menschen geht ein Licht aus, das direkt zum Himmel hinauf strahlt. Wenn sich zwei Seelen finden, die füreinander bestimmt sind, dann fließen ihre beiden Lichtströme zusammen, und aus der Vereinigung ihres Wesens steigt ein einziges, helleres Licht nach oben.«

BAAL SHEM TOY
Renaissance jüdischer Mystik

Gemeinsame Meditation kann Ihre Beziehung vertiefen und mit neuem Leben erfüllen. Es ist eine Gelegenheit, den Staub, der sich in unseren Köpfen und Herzen angesammelt hat, wegzuwischen, so daß wir uns wieder klar und frisch sehen und für das Neue, das jeder Augenblick mit sich bringt, offen sind. Obwohl man einen ganzen Band über die Feinheiten solch ›dyadischer‹ Meditationen schreiben könnte, will ich nur kurz einige Ideen und Techniken vorstellen, die Sie vielleicht mit Ihrem Partner ausprobieren möchten.

1. Einstimmen

Setzen Sie sich einander gegenüber und legen Sie Ihre Handflächen aufeinander, die linke Handfläche nach oben und die rechte nach unten. Nehmen Sie sich einige Minuten Zeit, um zu atmen, sich zu entspannen, sich innerlich frei zu machen und zu öffnen. Mit dem Atem schaffen Sie ein Energiefeld aus Bewußtheit und liebevoller Zuwendung um sich. Dieses Schwingungsfeld dehnen Sie so weit aus, daß es Ihren Partner umfaßt.

Gleichzeitig lassen Sie sich vom Energiefeld Ihres Partners umfangen und durchdringen. Beide Bewußtseinsfelder vereinigen sich in harmonischer Resonanz wie zwei Töne zu einem Akkord.

2. Synchron atmen

a) Während der eine Partner ruhig meditiert, richtet der andere seine Aufmerksamkeit auf dessen Atemrhythmus und stellt sein eigenes Atmen allmählich darauf ein. Es entsteht Resonanz und wechselseitiges Einfühlen.

b) Diesmal richten beide ihre Aufmerksamkeit auf die Atmung des anderen und passen sich gleichzeitig und allmählich dem Rhythmus des anderen an. Die gemeinsame Einstellung aufeinander wird die Harmonie und das Verstehen mehr und mehr vertiefen.

3. Geben und empfangen

Atmen Sie mit Ihrem Partner abwechselnd ein und aus. Stellen Sie sich vor, daß Sie Liebe, Energie, Licht oder Heilkraft ausatmen und Ihr Partner diese Energien einatmet. Wenn Sie einatmen, dann nehmen Sie die Qualitäten von Ihrem Partner auf, die er Ihnen sendet. Diese Methode kann Sie lehren, Geist und Herz zu öffnen und großzügiger zu geben und zu empfangen.

4. Herz und Geist verschmelzen

Gemeinsam mit Ihrem Partner konzentrieren Sie Ihre Aufmerksamkeit zuerst auf den Körper und spüren seine Stofflichkeit und Dichte. Dann richten Sie Ihre Aufmerksamkeit auf den subtilen Energiekörper innerhalb des stofflichen Körpers und spüren seine Schwingung und Bewegung. Auf einer noch feineren Ebene erfahren Sie innere Offenheit und grenzenlose Räumlichkeit, wie ein innerer Himmel, der die stoffliche Form und das Energiemuster durchdringt. In der Dimension der Form vereinigen wir uns sexuell. In der Dimension von Energie und Schwingung kommunizieren wir miteinander und empfinden Resonanz, Dissonanz und Gefühle. In der Dimension des offenen Raumes sind wir im Wesen vereint und durchdringen uns wechselseitig in der Offenheit des Geistes.

In dieser Matrix aus Form, Energie und Raum spüren Sie den Liebeskern in Ihrem Innern, von dem lichte, positive Gefühle ausgehen. Drücken Sie dies mit einer liebevollen Geste oder einem freundlichen Wort aus. Auf der Schwingungsebene erleben Sie Ihre Kommunikation vielleicht wie eine leuchtende Liebeswelle. Stellen Sie sich vor, daß Ihre Energiesphären miteinander verschmelzen. Obwohl Ihre Körper räumlich voneinander getrennt sind, können sie sich doch vorstellen, daß sich Ihre Energiefelder wechselseitig durchdringen. Bringen Sie Ihren Mittelpunkt mit dem Ihres Partners zur Deckung, so daß Sie sein Bewußtseinsfeld ganz und gar teilen und ihn von innen erleben. Füllen Sie seinen Raum mit Liebe an und geben Sie ihm die Energie, die er gegenwärtig am meisten braucht. Sie erleben nun den Fluß wortloser, inniger Kommunikation von Herz zu Herz und von Geist zu Geist. Nach einer Weile kehren Sie mit Ihrem Bewußtsein in die gewöhnliche Matrix von Form, Energie und Raum zurück und freuen sich an dem beglückenden Gefühl tiefer Einheit und Ganzheit, das Sie miteinander erlebt haben.

Dies ist eine ausgezeichnete Meditation, um einem geliebten Menschen aus der Entfernung Liebe oder Heilkräfte zukommen zu lassen. Wenn meine Frau und ich voneinander getrennt sind, dann vereinbaren wir eine Zeit, zu der wir beide diese Meditation machen. Durch Übung werden Sie lernen, diese drei Dimensionen der Lebendigkeit in sich zu erleben und zu integrieren. Indem sie sich des dynamischen Wechselspiels von Form, Energie und Offenheit bewußt werden, kann Weisheit in Ihnen wachsen und Ihre Beziehung bereichern.

30   Matrix des Geistes

Die folgende Meditation kann den Weg zur direkten Erkenntnis der Natur des Geistes und der Welt der Phänomene öffnen.

Stellen Sie sich vor, daß im Raum vor Ihnen spontan eine leuchtende Sphäre in Erscheinung tritt. Diese Sphäre strahlt Klarheit und Wissen aus.

Nun visualisieren Sie oben und unten und zu beiden Seiten dieser ersten Lichtkugel vier weitere Sphären leuchtender Erkenntnis, so daß sich eine Gruppe von fünf ergibt. Jede dieser äußeren Sphären wird nun zum Kern einer neuen Gruppe von fünf. Und wieder wird jeder Trabant zum Kern, der sich mit vier neuen Trabanten umgibt, bis der ganze Raum von einem Feld leuchtender Erkenntnis durchstrahlt ist.

Eine andere Form dieser Meditation ist folgende: Stellen Sie sich vor, daß im Zentrum Ihres Geistkörpers spontan eine leuchtende Sphäre des Wissens entsteht. Diese Sphäre durchdringt Sie und den Raum, der Sie umgibt. Nun visualisieren Sie in diesem Raum sechs weitere Sphären, vorne und hinten, oben und unten, rechts und links, die zusammen mit der Kernsphäre eine Gruppe von sieben bilden. Beginnend mit der Sphäre vor Ihnen lassen Sie nun jede dieser äußeren Sphären wieder zum Mittelpunkt von sechs anderen werden und so fort, bis der ganze Raum mit einer Matrix lichter Wissensenergie durchzogen ist.

Gehen Sie an diese Meditation mit einer ruhigen und freudigen Einstellung. Versuchen Sie es nicht mit angestrengtem Bemühen. Üben Sie einfach immer wieder, bis sich die Sphären mühelos zur geistigen Matrix vervielfältigen.

Lösen Sie sich selbst und die Welt in dieser bruchlosen Klarheit auf. Wenn Sie Formen, Töne, Farben oder andere Phänomene auf der sinnlichen oder geistigen Ebene wahrnehmen, so betrachten Sie diese als das spontane, selbstlose, schöpferische Spiel des Geistes.

Durch diese Meditation können Sie zu der Erkenntnis kommen, daß der Geist das Feld Ihrer Erfahrung durchdringt und im Inneren zusammenhält. In dieser geistigen Matrix wird Ihr Bedürfnis nach einem »Ich« oder einem Subjekt der Erfahrung, das von anderen Wesen oder wahrgenommenen Objekten getrennt ist, nachlassen. Auch wenn Sie nach wie vor die Welt der Erscheinungen als etwas Getrenntes erleben, wird Ihnen diese Meditation doch allmählich offenbaren, daß die Natur des Geistes und der Welt nicht dual, sondern im Innersten verwoben ist.

Teil Vier
Weitere Strategien zur Entfaltung der Geisteskraft

»Reusen werden gebraucht, um Fisch zu fangen, wenn aber der Fisch gefangen ist, vergessen die Menschen die Reusen. Fallen werden gebraucht, um Hasen zu fangen, wenn aber die Hasen gefangen sind, vergessen die Menschen die Fallen. Worte werden gebraucht, um Ideen mitzuteilen, wenn die Ideen aber begriffen sind, vergessen die Menschen die Worte.«

TSCHUANG TSE

1 Streßbewältigung

Die ununterbrochenen Veränderungen, die das Leben mit sich bringt, führen zu einer Anhäufung von Streß. Hier ist eine Zusammenstellung einfacher, vernünftiger Techniken, wie man geistige und körperliche Spannungen in schöpferische Energie umwandeln kann. Keine dieser Methoden ist neu. Viele werden Sie schon kennen, aber wir müssen oft daran erinnert werden.

Streichen Sie sich jene an, die Sie öfter praktizieren wollen, und fügen Sie Ihre eigenen Methoden hinzu.

Nehmen Sie sich regelmäßig Zeit zum Alleinsein, um auf Ihr Herz zu hören, Ihre Absichten und Ziele zu überprüfen und sich über Ihr Handeln Rechenschaft abzulegen.

Vereinfachen Sie Ihr Leben! Lassen Sie Unwichtiges weg.

Atmen Sie häufig tief durch, besonders am Telefon, im Auto oder wenn Sie auf jemanden warten. Nutzen Sie jede Gelegenheit, um sich zu entspannen und mit neuer Energie zu füllen.

Sorgen Sie dafür, daß Sie jeden Tag etwas tun, das Ihnen Kraft gibt, etwas, das Sie wirklich gerne tun, nur für sich.

Wenn Sie etwas bedrückt, dann sprechen Sie mit jemandem darüber, dem Sie vertrauen, oder schreiben Sie Ihre Gefühle auf.

Sagen Sie »Nein«, wenn man Sie um etwas bittet, das Sie wirklich nicht tun wollen. Lesen Sie ein Buch über Selbstbehauptung, wenn es Ihnen schwerfällt, dies fest, aber freundlich zu tun.

Vergessen Sie nicht hilfreiche Allgemeinplätze wie: »In ein paar Jahren kräht kein Hahn mehr danach« oder »Was mich nicht umbringt, macht mich stark« oder »Du hast immer recht – ob du glaubst, daß du es kannst, oder ob du glaubst, daß du es nicht kannst«.

Verschaffen Sie sich regelmäßig körperliche Bewegung!

Denken Sie daran, daß Sie weniger Energie brauchen, wenn Sie eine Aufgabe sofort erfüllen, als wenn Sie sie den ganzen Tag vor sich herschieben.

Nehmen Sie sich Zeit für die Natur, für andere Menschen, für Musik und für Kinder. Selbst in der Stadt kann es harmonisierend sein, die jahreszeitlichen Veränderungen des Himmels oder die Gesichter von Menschen zu beobachten.

Üben Sie sich bewußt darin, immer nur eine Sache zu tun und Ihren Geist in der Gegenwart zu halten. Was immer Sie tun, machen Sie es langsamer, weniger mechanisch, mit mehr Bewußtsein und Achtung.

Entschließen Sie sich, Ihr kostbares gegenwärtiges Leben nicht mit Schuldgefühlen oder Zukunftssorgen zu verschwenden.

Eignen Sie sich verschiedene Entspannungstechniken an und üben Sie wenigstens eine davon regelmäßig.

Wenn Sie feststellen, daß Sie in ähnlichen Situationen wiederholt ärgerlich werden, dann fragen Sie sich: »Was kann ich daraus lernen?« Menschen oder Dinge, die Sie ärgerlich machen, zeigen Ihnen, daß Sie sich von Erwartungen beherrschen lassen, wie jemand oder etwas sein müßte. Nehmen wir andere, uns selbst und Situationen so an, wie sie sind, dann werden wir viel leichter Einfluß auf sie ausüben können.

Üben Sie sich in grundlegenden Kommunikationstechniken, zum Beispiel Ich-Aussagen, Wiederholen in eigenen Worten und aktives Zuhören.

Verändern Sie den Satz »Ich brauche« in »Ich möchte« und »Ich muß« in »Ich entscheide mich für . . .«. Merken Sie den Unterschied?

Machen Sie sich bewußt, welche Forderungen Sie an sich, Ihre Umgebung und andere Menschen stellen, inwiefern sie anders sein sollen, als sie im Moment sind. Forderungen sind gewaltige Streßquellen.

Wenn Sie viel zu tun haben, dann entscheiden Sie über die Priorität Ihrer Aktivitäten und tun Sie die wichtigsten zuerst.

Legen Sie Ihre Post nach dem Lesen nicht erst zur Seite, sondern erledigen Sie das Nötige sofort.

Machen Sie häufig Entspannungspausen.

Tragen Sie eine Karte bei sich, auf der vier oder fünf persönliche Affirmationen stehen, zum Beispiel: Ich bin ruhig und entspannt. Ich bin zuversichtlich und fähig, jede Situation zu meistern etc.

Organisieren Sie Ihr Leben so, daß unverplante Zeit für Spaß und Spontaneität übrigbleibt. Planen Sie Ihren Tag realistisch mit Übergangsphasen von einer Aktivität zur anderen. Durchforsten Sie Ihr Leben nach unnötigen Verpflichtungen.

Lachen Sie mehr.

Lernen Sie, Verantwortung zu delegieren.

Genehmigen Sie sich gelegentlich eine Massage. Lernen Sie, Ihren Hals, Ihre Schultern und Füße selbst zu massieren.

Achten Sie darauf, wieviel Zucker, Salz, Koffein und Alkohol Sie zu sich nehmen.

Umgeben Sie sich mit Menschen, die Sie unterstützen und bei denen Sie sich erlauben können, sich von Ihrer verletzbaren Seite zu zeigen. Pflegen Sie diese Beziehungen.

Wenden Sie sich an Freunde oder professionelle Helfer, wenn Sie allein nicht mehr zurecht kommen.

Beobachten Sie Wolken oder bewegtes Wasser. Achten Sie auf die Stille zwischen Geräuschen, den Raum zwischen Gedanken.

Vergessen Sie nicht, stehen zu bleiben und an einer Blume zu riechen.

2 Anhaltspunkte zur schöpferischen Visualisierung

Bewußt oder unbewußt schaffen wir fortwährend geistige Bilder: Erinnerungen, Zukunftsfantasien, Träume und Visionen von Szenarien, die vielleicht nie wirklich werden, Tagträume, unser Selbstbild und Projektionen und Erwartungen an andere. Tatsächlich erleben wir nur selten einen Augenblick der Wahrnehmung, ohne ihm unsere eigenen bildlichen Assoziationen hinzuzufügen. Indem wir unsere Fähigkeit zur schöpferischen Visualisierung durch Meditation ausbilden, lernen wir diesen bislang unbewußten Prozeß, der unser Leben beherrscht, verstehen und Kontrolle über ihn zu gewinnen.

Tatsache ist, daß jedes Bild, das wir uns schaffen, Einfluß auf unseren Körper hat. Wenn wir uns zum Beispiel vorstellen, daß uns die Sonne wärmt, kann das bewirken, daß sich die Adern ausdehnen und unsere Hände warm werden. Bei der Vorstellung, in eine Zitrone zu beißen, kommt der Speichel in Fluß und die Muskeln im Mund ziehen sich zusammen. Bilder von Aggression können den Ausstoß von Hormonen bewirken, die mit Ärger und Angst zu tun haben, den Herzschlag beschleunigen und Muskelspannungen erzeugen. Ebenso können Bilder von Zärtlichkeit sexuell stimulieren, und Erinnerungen an einen Streit körperliche Reaktionen wie Kopfweh und Herzklopfen herbeiführen.

Obwohl das tatsächliche Erlebnis vielleicht nur eine Minute dauert, gebrauchen wir unsere Fähigkeit zur Erinnerung und Vorwegnahme einer Erfahrung dazu, dieselbe Reaktion wieder und wieder in uns ablaufen zu lassen. Wenn wir uns die Bilder, die wir in uns erzeugen, bewußt machen und lernen, diese menschliche Fähigkeit zu beherrschen, dann werden wir nicht nur psychosomatische Symptome in den Griff bekommen, die mit Streß, Angst und Sorge zu tun haben, sondern positive Geisteshaltungen in uns entfalten.

Im folgenden werden verschiedene Techniken der Visualisation vorgestellt. Da jeder von uns seinen eigenen Stil hat, sind dies nur Anhaltspunkte – durch Übung werden Sie verstehen, um was es geht, und ihre eigenen Bilder entwickeln können.

1. Kinästhetisch visualisieren

Visualisieren Sie einen Gegenstand. Stellen Sie sich vor, daß Sie die Hand ausstrecken und diesen Gegenstand *berühren*. Wenn Sie zum Beispiel einen Apfel visualisieren, dann kann es hilfreich sein, vorher tatsächlich einen Apfel in die Hand zu nehmen, oder sich daran zu erinnern, wie sich ein Apfel anfühlt. Wenn Sie eine Person visualisieren, dann stellen Sie sich vor oder erinnern Sie sich daran, wie es ist, die Hand auszustrecken und sie zu berühren. Wie fühlen sich ihre Haare an, wie die Haut, welche Gestalt hat die Hand und der Körper?

2. Die Existenz der Imagination bejahen

Ob Sie das Bild nun wirklich sehen und fühlen können oder nicht, versichern Sie sich selbst, daß es tatsächlich da ist. So als würden Sie morgens aufwachen und fänden alles in dichten Nebel gehüllt – Sie wüßten doch, daß die Häuser und Bäume da sind, auch wenn Sie sie nicht sehen könnten. Diese gleiche innere Überzeugung sollten Sie haben, wenn Sie Bilder in sich erzeugen. Stellen Sie sich vor, daß das Bild tatsächlich vorhanden ist, Sie es aber nicht sehen können, weil Ihre Augen geschlossen sind. Wenn Sie sich ein Gefühl vorstellen, dann sagen Sie sich, daß es tatsächlich in Ihnen lebendig ist, aber auf einer Sensibilitätsebene, die jenseits Ihres Bewußtseins liegt.

3. Alle Sinne beteiligen

Können Sie sich vorstellen, daß Sie das Lied *Alle Vöglein sind schon da* hören? Singt es jemand in Ihrer Nähe...? Können Sie sich den Duft einer Rose vorstellen... den Geschmack einer Zitrone... die Wärme und das Knistern eines Lagerfeuers...? Imagination gelingt am besten, wenn alle Sinne daran beteiligt sind, die holographische Gestalt der Erfahrung entstehen zu lassen.

4. Dreidimensional vorstellen

Lassen Sie den Gegenstand Ihrer Vorstellung drei Dimensionen annehmen, anstatt ihn nur flach und zweidimensional zu sehen. Stellen Sie sich vor, daß Sie um ihn herumgehen, ihn von allen Seiten, von oben und unten sehen können. Erspüren Sie seine Tiefe, sein Volumen, seine Gestalt und seine Stellung im Raum.

5. Das Vorgestellte lebendig werden lassen

Geben Sie den Bildern eine lebendige, energiegeladene, schwingende, leuchtende Qualität. Erlauben Sie ihnen, sich zu bewegen, zu fließen und sich zu verändern. Wenn Teile des Bildes verblassen oder sich auflösen, dann schaffen Sie diese einfach neu oder bringen sie in Ihr Blickfeld zurück.

6. Mit Details ausstatten

Es kann hilfreich sein, mit dem Umriß eines Gegenstandes zu beginnen und dann die Einzelheiten hinzuzufügen. Visualisieren Sie zum Beispiel eine Person, dann stellen Sie sich erst ihre äußere Gestalt vor und ergänzen sie dann so klar wie möglich mit Details. Es kann sein, daß Ihnen Aspekte, die Sie schon visualisiert hatten, wieder abhanden kommen. Ganz entspannt und ohne Anstrengung vervollständigen Sie wieder das Bild.

7. Mit einem Ausschnitt anfangen

Probieren Sie einmal, nur mit einem kleinen Ausschnitt des Bildes zu beginnen und es dann zu ergänzen. Zum Beispiel könnten Sie mit dem Lächeln einer Person anfangen und von dort ihr Gesicht und ihren Körper entstehen lassen.

8. Die Vollständigkeit des Bildes oder Prozesses bejahen

Stellen sie sich vor, daß die visualisierten Gegenstände oder Prozesse vollständig, ganz und vollkommen sind. Selbst wenn Ihnen das Bild nicht ganz klar vor Augen steht, sagen sie sich, daß es vollständig ist. Wenn Sie zum Beispiel einen Heilprozeß visualisieren, dann stellen Sie sich vor, daß er mit Erfolg zum Abschluß gekommen ist. Sehen und erfahren Sie sich selbst als heil und ganz. Gewöhnen Sie Ihren Geist daran, Sie so zu sehen.

9. Spontan aufsteigende Bilder verstehen

In tiefer Entspannung oder extremer Anspannung können spontan aus der Tiefe des Bewußtseins lebendige Bilder aufsteigen. Oft sind es Hologramme von großer persönlicher Bedeutung. Sie können Botschaften enthalten zur Förderung Ihrer Gesundheit, Ihrer Kreativität, Ihres Wachstums und Ihrer Leistungsfähigkeit. Betrachten Sie diese Bilder in ihrer Dynamik. Erlauben Sie ihnen, sich zu bewegen, sich zu verändern und zu fließen. Wenn Sie ihre Botschaft verstehen, dann machen Sie Gebrauch davon.

10. Universale und archetypische Bilder ergründen

In tiefer Entspannung oder bei großem Streß können aus noch tieferen Schichten Ihrer Psyche Bilder aufsteigen. Es handelt sich um Symbole, die dem lebendigen, dynamischen Urgrund der Weisheit entstammen, der in der genetischen Matrix und den Tiefen des Unbewußten aller Wesen verankert ist. Solche Bilder sind aus vielen Kulturen und von vielen Individuen aller Zeiten bezeugt.

11. Die Leere wahrnehmen

Einige der wirksamsten Imaginationsübungen zur Steigerung der Gesundheit, der Leistungsfähigkeit und des Verstehens arbeiten mit der Vorstellung räumlicher Ausdehnung, räumlicher Beziehungen und Entfernung. Können Sie sich zum Beispiel den Abstand von Ihrem Kopf bis zur Decke vorstellen? Oder das Volumen Ihres Körpers? Können Sie sich den Raum oder die Entfernung zwischen den Häusern in Ihrer Nachbarschaft vorstellen? Mit derartigen Übungen können Sie die Bilder, die Sie von sich selbst und der Welt haben, transformieren. Sie erfahren den Raum als ein Medium, das alles verbindet und nicht als etwas, das die Dinge trennt. Das Gleiche läßt sich auf Ton und Stille anwenden. Können Sie sich vorstellen, daß Sie die Stille vor, zwischen und nach Geräuschen wahrnehmen? Oder den Raum zwischen den Gedanken und den Bildern, die durch Ihr Gehirn strömen?

3   Verwandlung von Schmerz

»Die Raumzeit-Betrachtung von Gesundheit und Krankheit sagt uns, daß ein wesentliches Ziel jedes Therapeuten (Erziehers, spirituellen Freundes) darin besteht, dem kranken Menschen (und wir alle sind irgendwie krank) zu einer Neuordnung seiner Weltsicht zu verhelfen. Wir müssen ihm dabei helfen, zu erkennen, daß er ein raumzeitlicher Prozeß ist, keine isolierte Einheit, die von der Welt der Gesunden abgespalten ist, preisgegeben dem Fluß der Zeit, der in Auslöschung mündet. In dem Maß, in dem es uns gelingt, diese Aufgabe zu erfüllen, sind wir Heiler.«

Larry Dossey

Schmerz und Unzufriedenheit führen viele Menschen auf den Weg des inneren Wachstums und der Selbsterforschung. Da sind die Leiden, die sich körperlich manifestieren als Verletzung, Krankheit, Hunger, Unbeweglichkeit und Sterben. Da sind die geistigen Qualen, Leiden und Krankheiten, die sich in der Erfahrung als Angst, Furcht, Einsamkeit, Verwirrung oder Unzufriedenheit niederschlagen. Und da ist das Leiden des Herzens, das sich im Gefühl von Schuld, Anklage, Unwert oder Scham verschlossen und von der Welt in Ärger, Neid oder Angst zurückgezogen hat. All diese Zustände sind schmerzhaft und unbefriedigend. Ist der Grad Ihrer Bewußtheit gering, dann ist mehr Leiden nötig, um Ihre Aufmerksamkeit zu erlangen. Lernen wir jedoch, auf unseren Geist, unseren Körper und unsere Beziehungen zu achten, dann werden wir die ersten, warnenden Anzeichen von Schmerz wahrnehmen und auf sie reagieren, solange sie noch ein Flüstern sind, und nicht erst, wenn schon Schmerzensschreie daraus geworden sind.

Ist das Leiden erst einmal erkannt, so kann es uns veranlassen, nach Wegen zu suchen, wie wir die Wunden von Körper, Geist und Ego heilen können. Manche Methoden lenken uns nur ab, richten unsere Aufmerksamkeit auf etwas anderes, so daß wir die Schmerzen nicht mehr wahrnehmen; dadurch kann sich unser Zustand verschlimmern und entgleisen. Andere Methoden lassen uns die wandelbare Natur des Schmerzes besser verstehen und lehren uns, wie wir mit den Bedingungen unseres Körpers und unseres Lebens besser umgehen können, in denen wir die Ursache für unser Leiden sehen. Wieder andere Methoden reichen tatsächlich an die Wurzel des Übels und vermögen geistige und körperliche Krankheit zu beenden. Verschiedenste Meditationstechniken sind angewendet worden, um vom Schmerz abzulenken, sich mit ihm einzurichten oder ihn ganz zu überwinden. Konzentrationstechniken können zwar bewirken, daß der Schmerz in den Hintergrund tritt, der eigentliche Sinn der meditativen Bearbeitung von Schmerz liegt aber darin, ihn direkt zu untersuchen und zu verstehen. Wenn wir das Feld der Empfindung, das wir mit ›Schmerz‹ bzeichnen, wirklich erforschen, dann stellen wir fest, daß es nichts Gegenständliches oder Unwandelbares ist. Wir entdecken, daß Schmerz ein dynamisches Feld von Empfindungen und Gefühlen ist, die sich jeden Augenblick verändern und von unserem Geisteszustand abhängen. Den Mut aufzubringen, das eigene Leiden wirklich anzuschauen und zu verstehen, ist der erste Schritt, es wirksam zu bearbeiten. Es ist auch der erste Schritt, wenn wir lernen wollen, unser Herz und unseren Geist zu öffnen, um Mitgefühl für das Leiden anderer zu entwickeln. Schmerz ist für jedes Lebewesen unbefriedigend; durch unseren eigenen Wunsch, von Leiden frei zu werden, entwickeln wir größeres Mitgefühl für andere und wünschen, daß auch sie von ihrem Leiden frei werden.

Über die Jahre habe ich mit tausenden von Menschen gearbeitet, die aufgrund von Verletzungen, Krebs, Nervenschäden oder hoffnungsloser Krankheit chronische Schmerzen hatten. Unsere Abteilung im Krankenhaus war eine inoffizielle Schmerzklinik. Ich lernte, daß das schlimmste Leiden nicht durch das zerfetzte oder verfaulende Fleisch, durch den Tumor oder die Wunden vom langen Liegen erzeugt wurde, sondern durch die Art, wie die Menschen ihre Situation interpretierten und auf sie reaierten. Angst, Hilflosigkeit, Ärger, Schuld und Vorwurf bewirkten eindeutig eine Intensivierung der Schmerzen; sie führten zu einer Einschnürung von Körper und Geist, so daß der kranke Körperteil isoliert und abgeschnitten wurde und von den Heilkräften nicht mehr erreicht werden konnte. Jene, die lernen, sich ihren Schmerzen zu öffnen und sie zu erforschen, und die zulassen, daß sie sich im Körper bewegen und verändern, haben den ersten Schritt getan, um ihre

Schmerzen zu meistern. Zwar führt diese Offenheit nicht unbedingt dazu, daß die Schmerzen aufhören, aber sie schafft einen geistigen und emotionalen Raum, in dem das Leiden nicht länger als Feind gesehen wird. Mit dieser Offenheit werden wir fähig, den Teil von uns, der die Schmerzen hat, anzunehmen, ihm Energie zukommen zu lassen und ihn zu lieben. Wenn wir dann diese Offenheit und Reflexion auch mit unseren Gedanken und Gefühlen praktizieren, dann werden wir erkennen, welche geistige Verfassung unser Leiden intensiviert und welche uns mehr Harmonie bringt.

Wir übernehmen Verantwortung für unseren Zustand und werden bereit, von unseren eigenen Heilkräften Gebrauch zu machen.

Ein weiterer Quantensprung in der Bearbeitung von Schmerz vollzieht sich dann, wenn unser eigener Schmerz dazu führt, daß wir unser Herz für das Leiden anderer öffnen. Dann löst sich die egozentrische Fixierung auf das eigene Leiden in echtem Mitgefühl für andere auf, denen wir selbstlose Liebe entgegenbringen.

Während ich dies schreibe, sehe ich einen todkranken Mann vor mir, der AIDS hatte. Er war ein sehr spiritueller Mensch. Sein Arzt hatte ihn zu mir geschickt, damit er durch Meditation lernen könnte, seine körperlichen Beschwerden zu erleichtern und dem nahenden Tod bewußt entgegenzugehen. Bei einem Besuch erzählte er mir, daß er die vielen schlaflosen Stunden während des Tages und in der Nacht dazu genutzt habe, anderen seine Liebe und sein Mitgefühl zukommen zu lassen: dem sterbenden Kind in einem Nachbarzimmer, den Patienten in den Krankenhäusern der Umgebung, seiner Familie und allen anderen, die so litten wie er. Obwohl er äußerlich von anderen Menschen fast ganz isoliert war, berührte er sie mit der Liebe seines Herzens; so konnte er einen anderen Standpunkt gegenüber seinen Schmerzen gewinnen, und sein Leiden wurde erträglicher.

Wendet man die Methoden in diesem Buch mit der richtigen inneren Einstellung an, so erweisen sich viele von ihnen als wirksames Mittel zur Bearbeitung von körperlichen, emotionalen und geistigen Schmerzen und zur tieferen Erfahrung unserer Ganzheit.

»Bewußtsein ist das Medium für die Botschaften, aus denen sich Erfahrung zusammensetzt. Psychotherapien befassen sich mit diesen Botschaften und ihrer Bedeutung; Meditation hingegen ist auf das Wesen des Mediums, das Bewußtsein selbst, gerichtet. Diese beiden Ansätze schließen sich in keiner Weise aus, vielmehr ergänzen sie sich gegenseitig. Die Therapie der Zukunft wird vielleicht die Techniken beider Ansätze verbinden und dadurch eine tiefgreifendere Veränderung im Menschen bewirken, als es eine der beiden Methoden für sich allein könnte.«

DANIEL GOLEMAN

4 Einfluß des Atems auf die zwei Gehirnhälften

Halten Sie einen Spiegel vor Ihre Nase und atmen Sie normal. Sie werden bemerken, daß die zwei Kondensationskreise auf dem Spiegel unterschiedlich groß sind. Wenn Sie das mehrmals täglich machen, werden Sie feststellen, daß Sie immer durch ein Nasenloch stärker atmen als durch das andere.

Alle neunzig Minuten oder zwei Stunden verlagert sich der Schwerpunkt der Atmung von einer Seite zur anderen, und zwar innerhalb von wenigen Minuten. Bei den meisten Menschen findet dieser Wechsel in vierundzwanzig Stunden etwa zehn- bis zwölfmal statt. In den spirituellen Traditionen wußte man schon immer, daß es diese alternierende Atmung gibt, die moderne Wissenschaft hat das Phänomen jedoch erst im letzten Jahrzehnt erkannt und begonnen, es zu erforschen.

Einer der wichtigsten Gründe für das Interesse der Wissenschaft liegt darin, daß die Alternierung der Atmung mit der unterschiedlichen Funktion der beiden Gehirnhälften in Beziehung steht. Der Übergang der Atmung von einer Seite zur anderen zeigt einen Wechsel in der Dominanz der Gehirnhälften an.

Die moderne Gehirnforschung hat erkannt, daß die beiden Gehirnhälften unterschiedliche Funktionsweisen haben. Die linke Hemisphäre ist mehr für die rationale, lineare, analytische, verbale Art der Informationsverarbeitung verantwortlich, die auf die Details der Situation gerichtet ist. Die rechte Hemisphäre ist mehr für die Integration der Information auf eine intuitive, nicht-lineare Weise zuständig, so daß die Situation in ihrer Ganzheit oder ›Gestalt‹ erfaßt wird. (Dies kann sich bei einem Linkshänder allerdings umkehren.) Neuere Forschungen zeigen eine direkte Beziehung zwischen der Dominanz der Atmung und der Gehirnaktivität auf einer von beiden Seiten. Dabei ist zu beachten, daß die rechte Nasenseite der linken Hemisphäre entspricht und die linke Nasenseite der rechten Hemisphäre. Durch einen Wechsel von einer Seite zur anderen verändert sich nicht nur der geistige Zustand, sondern auch die Fluktuation der Neuronentransmitter und die Aktivität des Nervensystems im ganzen Körper.

Vielleicht wird die Wissenschaft aus diesen Forschungen Erkenntnisse gewinnen, die eines Tages zur Behandlung geistiger Störungen genutzt werden können. Uns liefern sie eine praktische Methode, um je nach Bedarf von der logisch-analytischen Funktionsweise der linken Hemisphäre zur mehr intuitiven, ganzheitlich-wahrnehmenden Funktionsweise der rechten überzuwechseln. Sie werden vielleicht feststellen, daß es Ihnen leichter fällt, Ihr Kassenbuch zu führen, wenn die rechte Nasenseite dominiert (linke Hemisphäre) und daß Sie eine Kunstausstellung oder ein Konzert mehr genießen können, wenn die linke vorherrscht (rechte Hemisphäre).

In den alten spirituellen Traditionen wurden schon immer die verschiedensten Techniken angewandt, um die subtilen Energien des Geistkörpers in Ausgleich zu bringen und dadurch die Funktion des Gehirns zu verbessern. Diesen Traditionen zufolge ist die beste Zeit zur Meditation dann, wenn der Atemfluß zwischen beiden Seiten ausgeglichen ist. Der Gleichgewichtszustand besteht von selbst während der Übergangsphase von einer Seite zur anderen, er kann aber auch durch bestimmte Methoden, wie sie unten beschrieben sind, willentlich herbeigeführt werden. Neurophysiologisch gesehen kommt es dann zu einer Verschmelzung der rationalen und intuitiven, der analytischen und der integrativen Funktionsweise der beiden Gehirnhälften. Dann fließt die Information leichter durch den *corpus callosum*, den Verbindungsbalken zwischen beiden Gehirnseiten.

Die Erkenntnis des Zusammenhangs zwischen Atmung und Gehirnfunktion kann Ihnen nicht nur in der Meditationspraxis helfen, sondern auch im Alltag. Machen Sie sich häufig bewußt, welche Seite gerade dominiert. Wenn Sie merken, daß Sie einer bestimmten Aufgabe nur schwer gerecht werden können, dann versuchen Sie doch einmal, durch eine Veränderung ihrer Atmung die andere Hemisphäre zu aktivieren. Stellen sie zuerst fest, welche Seite gerade dominiert. Atmen Sie dann durch die andere Seite ein und durch die vorher dominante aus. Machen Sie das solange, bis Sie merken, daß sich die Atmung auf die andere Seite verschoben hat. Dabei können Sie visualisieren, daß der Atemfluß die Nasengänge frei macht und die gewünschte Gehirnhälfte mit Energie auflädt.

In folgenden Situationen ist diese Technik besonders angebracht:

1. Wenn Sie für eine Aufgabe Präzision und Aufmerksamkeit für Details brauchen, jedoch merken, daß Sie in einem zerstreuten, träumerischen Zustand sind.

2. Wenn Sie von starken Gefühlen überschwemmt werden und sich verwirrt fühlen.

3. Untersuchungen zeigen, daß Appetit und Verdauung durch rechtsseitige Atmung angeregt werden. Sie könnten Ihre Essenszeiten dementsprechend einrichten, oder bewußt den Schwerpunkt der Atmung vor dem Essen auf die rechte Seite verlagern.

4. Sollten Sie Schwierigkeiten beim Einschlafen haben, dann überprüfen Sie, auf welcher Seite Sie liegen. Vielen Leuten fällt es leichter, auf der rechten Seite einzuschlafen, was daran liegen könnte, daß dann die linke Nasenseite und damit die rechte Gehirnhälfte dominant sind.

5 Sport: Ein westlicher Yogaweg

Sport, Musik und Tanz sind für den westlichen Menschen vielleicht die Disziplinen, die dem meditativen Training am nächsten kommen. Jede dieser Aktivitäten verlangt vollkommene

Konzentration auf die Aufgabe und gleichzeitig die Fähigkeit, flexibel auf die wechselnden Anforderungen zu reagieren und sich vom Fluß des Prozesses tragen zu lassen. Durch die körperliche und geistige Disziplin von Sport und Bühnenkunst gewinnt der Geist Zugang zu Zuständen, die sich sonst nur durch Meditation und Konzentration erschließen. Das ›High‹, das sich dabei einstellt, die beglückende Erfahrung von schöpferischer Kraft und Ruhen im eigenen Mittelpunkt ist nicht nur eine Folge der körperlichen Anforderungen, sondern das Ergebnis eines ruhig-konzentrierten Geisteszustandes.

Wenn wir erst einmal unseren streunenden Geist an der Leine haben, dann tun sich neue Dimensionen des Bewußtseins auf. Sportler und Künstler haben oft Gipfelerlebnisse – auch als Zustand des Fließens beschrieben –, bei denen Höchstleistungen mühelos vollbracht werden. Diese Augenblicke der Gnade scheinen sich spontan zu ereignen und sind – weil sie nicht verstanden werden, nicht wiederholbar; aber die Erinnerung an sie bleibt, und unsere Vorstellung von der Grenze des Möglichen hat sich für immer verschoben.

Die zahlreichen Beispiele für Gipfelerlebnisse, wie sie von Athleten und Sportteams beschrieben werden, haben eine verblüffende Ähnlichkeit mit klassischen meditativen Erfahrungen. Natürlich müssen wir nicht alle unser Leben dem Sport widmen, wir können auch den Sport unserem Leben widmen. Durch das Training bilden wir Kräfte in uns aus, mit deren Hilfe wir jede Art von Aufgabe, die wir uns vornehmen, besser erfüllen können.

Viele Frauen und Männer haben gelernt, ihren Geist durch bewußtes Atmen zu beruhigen, Ärger und Angst in Kraft zu verwandeln, gleichzeitig loszulassen und festzuhalten, und statt gleichgültig, sensitiv und einfühlsam zu sein. Und viele Athleten haben gelernt, sich mit den inneren und äußeren Naturgesetzen in Übereinstimmung zu bringen und so außergewöhnliche Kraftquellen in sich zu erschließen, die ihnen Höchstleistungen ermöglichen.

»Im Sporttraining, auch wenn es auf den Körper gerichtet ist, aktiviert der Athlet Kräfte, die seine Persönlichkeit entwickeln, seine körperliche und psychologische Geschicklichkeit verbessern und ihn die unbegrenzten Möglichkeiten von Geist und Körper entdekken lassen. Die sportliche Leistung ist nur ein Mittel zur Selbstverwirklichung des Athleten; durch harte Arbeit schafft er unbestreitbare Kulturwerte für die moderne Menschheit.«

TADEUZ RYCHTA,
polnischer Sportpsychologe

Die Arena des sportlichen Wettkampfs ist ein Laboratorium, in dem die Fähigkeiten des Geistkörpers getestet und entwickelt werden. Auch wenn die Motivation eine andere sein mag, so ist doch die Entschlossenheit und rigorose Disziplin von Athleten der von Kontemplativen sehr verwandt. Steht man im Wettkampf einem Gleichstarken gegenüber, so muß man Kraftquellen in sich mobilisieren, von denen man bisher gar nicht wußte, daß man sie hat. Viele Einzelkämpfer und Teams sind dadurch in Erfahrungsbereiche eingedrungen, die bislang Yogis, Mystikern und Kontemplativen vorbehalten waren.

Der moderne Fitneßtrend hat viele Menschen bewußter gemacht. Das hat nun in einer zweiten Welle das Interesse auch auf geistige Fitneß gelenkt. Auf dem Sportplatz oder auf der Matte bekommt man ein ständiges Feedback über das Wechselspiel von Geist und Körper. Dabei lernt man, welche geistige und körperliche Einstellung die Leistungsfähigkeit schwächt und welche sie erhöht, und man kann bewußt darauf Einfluß nehmen.

Wir wollen diese außergewöhnlichen geistigen Zustände näher betrachten, um sie in die Arena unseres Lebens einbringen zu können.

Die Dynamik der persönlichen Hochleistung wurde von dem zeitgenössischen Psychologen Czikzentminalyi erforscht. Er untersuchte die verschiedensten Aktivitäten, denen allen gemeinsam ist, daß sie den Ausführenden hochgradig befriedigen und als ein ›Im-Fluß-Sein‹ erfahren werden. Die wesentlichen Elemente dieses Zustandes sind folgende:

1. Das Verschmelzen von Tun und Bewußtsein in ungebrochener Konzentration auf die Aufgabe.

2. Die Konzentration der Aufmerksamkeit auf ein begrenztes Stimulationsfeld.

3. Selbstvergessenheit in Verbindung mit erhöhtem, auf die Aktivität gerichtetem Körperbewußtsein.

4. Fähigkeiten, die den äußeren Anforderungen angemessen sind.

5. Klarheit, die es erlaubt, die Situation schnell zu erfassen und darauf zu reagieren.

Der fließende Zustand tritt dann auf, wenn die eigenen Fähigkeiten und die augenblicklichen Anforderungen optimal übereinstimmen. Die Grenze dieses Erfahrungsfeldes bildet auf der einen Seite die Angst, daß die Anforderungen die Fähigkeiten übersteigen könnten, und auf der anderen Seite Langeweile, wenn man nicht genügend gefordert wird. Jemand, der im Fluß ist, erlebt sich im Zustand der Einheit. Seine Aufmerksamkeit ist vollkommen absorbiert, und es gibt nicht mehr die dualistische Empfindung von einem Ich, das etwas tut. Sobald irgend etwas diese Einheit stört, tritt das Ichbewußtsein wieder auf und der fließende Zustand wird unterbrochen.

Die neurophysiologische Interpretation der wesentlichen Merkmale des Flußzustandes zeigt, daß das neurologische Funktionsmuster sowohl präzise wie flexibel sein muß, so daß das Gehirn dynamisch auf die wechselnden Anforderungen der Situation reagieren kann. Es ist durchaus kein Zustand der Dauererregung, sondern ein Zustand äußerster Flexibilität. Wer chronisch gespannt oder übererregt ist, wird sich öfter in Situationen finden, in denen seine innere Verfassung den Anforderungen nicht entspricht, und er deswegen nicht in den Flußzustand kommt. Wechselnde Umstände verlangen fließende Veränderungen im Innern.

Es gibt zwei Wege, günstige Bedingungen für den Flußzustand zu schaffen: man reguliert, wie im Spiel, die äußeren Anforderungen so, daß sie den eigenen Fähigkeiten entsprechen, oder man erweitert mit geistigen Methoden die eigenen Fähigkeiten, um vielfältigen Herausforderungen begegnen zu können. Der Nachteil des ersten Ansatzes besteht darin, daß der Flußzustand an eine bestimmte Situation gebunden bleibt und ganz spezifischer Auslöser bedarf. Geistige Disziplinen wie Entspannung, Konzentration, Meditation, Biofeedback,

Gleichgewicht zwischen den Gehirnhälften und japanische Kampfsportarten zielen dagegen auf die bewußte Veränderung des inneren Zustands. Mit diesen Methoden vergrößern wir die Möglichkeiten, in Fluß zu kommen und verringern die Notwendigkeit, die äußeren Bedingungen zu begrenzen. Wir lernen diverse Strategien, wie wir uns durch eine Veränderung des geistigen Prozesses mit den jeweiligen Anforderungen der Situation in Übereinstimmung bringen können.

Eine bekannte Langstreckenläuferin hatte gemeint, daß das Befriedigendste an einem Langstreckenlauf das ›High‹ sei, das man dadurch bekomme. Sie beschreibt es als ›Driften‹, was man früher ›In-den-Tag-hineinträumen‹ genannt habe. Sie sagt:

>»Ich messe mein Laufen nicht daran, wie sehr ich schwitze oder welches Tempo ich mir setze. Es ist mir nicht wichtig, ob ich mich selbst übertreffe oder meine Freunde überhole. Geben Sie mir ein ruhiges, angenehmes Fleckchen Erde und lassen Sie mich driften.«

Sie bemerkte auch, daß die Bewertung ihrer Leistung damit zusammenhing, wie lang sie in diesem Driftzustand hatte bleiben können. Sie konnte es sich zwar gelegentlich erlauben, etwas Ungewöhnliches oder Interessantes in der Umgebung wahrzunehmen, mußte dann aber sofort wieder in diesen Zustand zurückkehren.

Eine berühmte Beschreibung, wie sich dieses Im-Fluß-sein anfühlt, stammt von John Brodie, einem Exmitglied des San-Francisco-Fußballteams. In einem Interview mit Michael Murphy, dem Gründer des Esalen-Instituts, beschreibt er die veränderte Wahrnehmung von Raum und Zeit:

>»In der Hitze des Spiels verändert sich die Wahrnehmung und Koordination des Spielers oft dramatisch. Es kommt vor, und zwar zunehmend häufiger, daß ich eine Art von Klarheit erlebe, wie ich sie noch in keiner Fußballstory beschrieben gefunden habe. Manchmal scheint die Zeit fast stillzustehen, ganz eigenartig, als würden sich alle im Zeitlupentempo bewegen. Es scheint mir, als hätte ich grenzenlos Zeit, zu beobachten, was die Gegenspieler tun, und doch weiß ich, daß sie genauso schnell sind wie sonst auch. Ich weiß ganz genau, wie schnell und hart die Kerle spielen, und doch scheint das Ganze wie ein Film oder ein Tanz in Zeitlupe – sehr schön.«

Es gibt viele Beschreibungen solcher Erlebnisse von Athleten. Sie sind nicht ungewöhnlich und keineswegs nur Profisportlern vorbehalten. Jeder kann im Sport die Erfahrung machen, daß die Zeit in Augenblicken der Selbstvergessenheit still steht, dazu muß man nicht Marathonläufer sein. Wir können daraus schließen, daß in uns allen die Möglichkeit schlummert, Raum und Zeit anders wahrzunehmen. Wenn wir die Mechanik solcher Erlebnisse verstehen, dann können wir sie bewußt herbeiführen, anstatt unbewußt in sie hineinzustolpern.

Lester Fehmi beschreibt diesen Zustand als ›ungehinderten Fluß der Energie und Erfahrung durch das System des Geistkörpers‹. Er entwickelte eine Methode, die er ›Offene Wahrnehmung‹ nennt. Durch räumliche Wahrnehmung und gegenstandslose Vorstellung wird das Ichbewußtsein reduziert und die übliche Erfahrung von Raum und Zeit verändert. Diesen Zustand der Integration nennt er ›Nicht-Zeit‹. Er meint, daß die Qualität unserer Aufmerksamkeit unsere gesamte Wachaktivität bestimmt. Tatsächlich zeigen Forschungen über die Ergebnisse dieser und verwandter Meditationstechniken, daß unser geistiges und körperliches Wohlbefinden in erster Linie von unserer Fähigkeit zur Aufmerksamkeit abhängt, mehr als von irgendeinem anderen inneren Vorgang, über den wir Kontrolle ausüben können.

Erklärungen für das synchrone Verhalten eines Teams sind gewöhnlich verschwommen und vage. Der Theologe Michael Novack meint jedoch, daß solche Momente der Teameinheit auf eine höhere Ebene hinweisen, auf der die Resonanz zwischen Individuum und Gruppe präzis und kohärent reorganisiert ist.

»Wenn eine Ansammlung von Individuen zum erstenmal als Team wie ein fünf- oder elfköpfiges Wesen reagiert und nicht mehr als ein Aggregat von fünf oder elf Individuen, dann kann man das ›Klikken‹ fast hören; eine neue Realität entsteht, eine neue Ebene menschlicher Entwicklung. Ein Basketballteam kann sich innerhalb eines Spiels mehrmals in diese Realität einklinken und wieder aus ihr herausfallen; jeder Spieler, auch die Trainer und die Fans merken den Unterschied . . . Wer einmal in einem Team gespielt hat, in dem es ›geklickt‹ hat, der wird die Erfahrung nie vergessen; es scheint, als hätte man, wenigstens für kurze Zeit, eine höhere Existenzebene erreicht – so wie sie eigentlich sein soll.«

Durch Fleiß und unerschütterliches Festhalten am Ziel kann aus solch flüchtigen Momenten die Regel werden. In einem Artikel mit der Überschrift ›Die philosophischen Wissenschaften und die japanischen Kampfsportarten‹ beschrieb Donald Levine in der New York Times die Entwicklungsstufen, die in neue Leistungsdimensionen führen:

>»Man fängt damit an, eine bestimmte Technik bewußt zu üben. Man geht langsam vor, Schritt für Schritt, reflektiert, was man tut; aber man übt immer weiter, bis die Technik verinnerlicht ist und man nicht mehr jede Bewegung mit dem Bewußtsein steuert. Wenn man eine Reihe von Techniken wirklich in sich aufgenommen hat, dann fängt man an, ihre Prinzipien zu verstehen. Und wenn man schließlich die Prinzipien verstanden und verinnerlicht hat, dann reagiert man nicht mehr mechanisch auf einen Angriff, sondern geht schöpferisch mit den gelernten Techniken um, so daß sie zur Kunst werden, in der sich der individuelle Stil und die eigenen Einsichten ausdrücken können.«

Zu Beginn ist die schnelle, bunte, herausfordernde Welt des Sports für viele attraktiv, die ihr geistiges und körperliches Potential erproben wollen.

Später lernen viele Sportler durch fortdauerndes Training auch das Training in den ruhigen Tiefen ihres Geistes zu schätzen, dem Ort des Spiels, der Heilung und der Regeneration, wo sie die Kraft finden, neue Dimensionen ihrer Leistungsfähigkeit zu erschließen.

Die Verschmelzung von geistigen und körperlichen Techniken wird den Athleten und Teams der Zukunft die Kraft geben, die heutigen Leistungsstandards weit zu übertreffen. Im heutigen geistigen Fitneßtraining wird das Beste der modernen und der alten Disziplinen vereinigt, so daß sich unsere Vorstellung von dem, was ein Mensch oder ein Team leisten kann, immer mehr erweitern wird.

6 Biofeedback: Technologie für den Geistkörper

»Jeder von uns besitzt alles, was er braucht, um sein tiefstes Wesen zu erforschen . . . In der ganzen Menschheit gibt es niemanden, der das für uns tun könnte. Die Verantwortung und die Möglichkeit, uns unser wahres Wesen bewußt zu machen und es mit anderen zu teilen, liegt letztlich bei uns.«

ROGER WALSH und DEAN SHAPIRO

Leben heißt lernen und alles Lernen beruht auf Feedback. Wenn wir ein Instrument spielen, dann lauschen wir auf den Ton und stimmen es entsprechend; beim Kochen probieren wir die Speisen und die Zunge sagt uns, wie wir sie würzen müssen; beim Schießen beobachten wir, wie nahe wir dem Ziel kommen, und schließen daraus, wie der nächste Schuß besser trifft; beim Skifahren und Surfen nehmen wir ständig Feedback von der Umgebung auf, um unsere Geschicklichkeit zu erhöhen und unser Ziel zu erreichen. Das gleiche gilt für Beziehungen. Wenn wir sensibel für das Feedback unsres eigenen Körpers, anderer Menschen und der Umgebung werden, dann können wir lernen und wachsen und werden unser Leben besser meistern.

Der Fortschritt in der modernen medizinischen Technologie hat es heute möglich gemacht, daß wir subtile Veränderungen in unserem Körper messen, verstärken und sichtbar machen können. Das Feedback von Informationen über die eigene Biologie heißt Biofeedback.

Der menschliche Körper ist durch geistige Bilder und Absichten höchst beeinflußbar. Die Bandbreite der Wirkung des Geistes auf den Körper reicht von den epidemischen Streßkrankheiten auf der einen Seite bis zu Durchbrüchen in der menschlichen Leistungsfähigkeit auf der anderen. Jeder von uns wird mit der Fähigkeit geboren, seine Gesundheit positiv oder negativ zu beeinflussen, aber die meisten von uns haben das Einmaleins zur Förderung des eigenen Wohlbefindens nicht gelernt.

Elmer und Alyce Green, Bewußtseinsforscher der Menninger Foundation, wollten die geistige Beherrschbarkeit physiologischer Systeme demonstrieren und luden zu diesem Zweck Swami Rama, einen hochentwickelten Yogi, in ihr Laboratorium ein. Der Swami wurde an zwei Temperatursensoren angeschlossen, um die Veränderung der Blutzufuhr zu verschiedenen Stellen auf seiner Handfläche zu messen. Unter strengen experimentellen Bedingungen und unter den Augen der Forscher geschah ein medizinisches Wunder: Dem Swami gelang es, seine Blutzirkulation so zu steuern, daß eine Stelle auf seiner Handfläche neun Grad wärmer wurde als eine andere, etwa fünf Zentimeter entfernte, Stelle. Ein Student, der von diesem Experiment gehört hatte, wollte herausfinden, ob er mit Hilfe von thermischem Biofeedback das gleiche erreichen könnte. Innerhalb von zwei Wochen hatte er geschafft, was der Yogi in Jahren gelernt hatte: Er konnte die gleiche physiologische Kontrolle über seinen Körper ausüben.

Stellen Sie sich einmal vor, was es für die moderne Medizin und Wissenschaft bedeuten würde, wenn viele Menschen lernen würden, ihre Körperfunktionen zu beherrschen und zu optimieren; oder wenn all die Millionen, die unnötigerweise an Streßkrankheiten leiden, fähig würden, ihre Verkrampfungen bewußt zu entspannen und die Streßsymptome aufzulösen, die sie in ihrem Verdauungs-, Kreislauf-, Atmungs- und Nervensystem gespeichert haben.

Biofeedback ist sozusagen eine Stimmgabel für unseren Geistkörper. Dieses Werkzeug wird dann zu einem Schlüssel des Lernens werden, wenn wir mehr Verantwortung für unsere Gesundheit übernehmen. Wie schon gesagt, gibt es zwei Strategien, wie man auf Krankheitszeichen reagieren kann: Wir können die Warnzeichen für Ungleichgewicht solange übersehen, bis extremes Unbehagen oder wirklicher Schaden entstanden ist und dann versuchen, mit radikalen Maßnahmen zu intervenieren. Die Alternative besteht darin, unser inneres Bewußtsein zu verfeinern und zu intensivieren, so daß wir die ersten Anzeichen von Krankheit erkennen und mit einem einfachen Mittel darauf reagieren können.

Die moderne Biofeedback-Technologie erlaubt uns heute, die subtilen Signale unseres Körpers aufzufangen und zu verstärken, so daß physiologische Prozesse, die bislang unbewußt und unbeobachtet abliefen, ins Bewußtsein gehoben werden. Diese Revolution in der modernen Wissenschaft und Medizin bedeutet eine Umkehr in der Art, wie wir mit medizinischer Technik umgehen. War diese früher ausschließlich in der Hand der medizinischen Experten, um uns zu testen und zu messen, so dienen uns diese Apparate in ähnlicher oder vereinfachter Form heute dazu, in ein Zwiegespräch mit unserem eigenen Körper zu treten. Es sind nicht mehr andere, die interpretieren, was auf dem Monitor sichtbar wird, und uns dann behandeln, sondern wir selbst gewinnen ein Bewußtsein für unsere inneren Prozesse; wir lernen die subtilen Bewegungen des Geistes in unserem Körper wahrzunehmen und dadurch den Körper in der gewünschten Weise zu beeinflussen.

>Jede Veränderung im physiologischen Zustand wird von einer entsprechenden Veränderung im geistig-emotionalen Zustand begleitet, sei er bewußt oder unbewußt; und umgekehrt wird auch jede Veränderung des geistig-emotionalen Zustandes, sei er bewußt oder unbewußt, von einer entsprechenden Veränderung des physiologischen Zustandes begleitet...«

ALYCE und ELMER GREEN

Jede Methode, mit der wir lernen können, das bislang unbewußte Zusammenspiel geistiger, emotionaler und physiologischer Prozesse bewußt zu machen, hilft uns dabei, unser Leben zum Guten zu verändern.

In der Praxis kann man sich mit Hilfe von Biofeedback über seinen inneren körperlichen Zustand genauso leicht informieren wie mit einem Spiegel über seine äußere Erscheinung. Es wird einfach ein passiver Sensor so am Körper angebracht, daß er die Signale verschiedener physiologischer Systeme auffangen kann, sei es Muskelspannung, Blutkreislauf, Gehirnwellen oder andere. Das Signal wird verstärkt und der Person, von deren Körper es kommt, zurückgemeldet. Physiologische Veränderungen werden sofort wahrnehmbar, zum Beispiel in der Veränderung der Frequenz oder Lautstärke eines Tones, dem Auf und Ab einer Lichtsäule oder graphischen Kurve, in Zahlenwerten oder Computerspielen. Wenn wir zum Beispiel einen Elektromyographen zur Kontrolle von Muskelspannung benutzen, dann würden wir den Sensor an einer Muskelpartie anbringen, die oft überspannt ist. Mit Hilfe eines Monitors würde die Information über feine Veränderungen der Muskelspannung verstärkt und aufgezeichnet, so daß wir schnell lernen könnten, den Grad unserer Spannung oder Entspannung wahrzunehmen und willentlich zu steuern. Ebenso kann man lernen, Blutdruck, Streßreaktionen, Sehkraft oder den geistigen Zustand positiv zu beeinflussen.

Anders als bei den meisten medizinischen Behandlungen liegt die Kontrolle beim Biofeedback-Training bei Ihnen. Die meisten Menschen lernen schnell, wie sie ihren inneren Zustand positiv verändern können. Sie haben plötzlich die Wahl, Gewohnheiten, mit denen sie sich selbst schädigen, weiter mit Energie zu versorgen oder nicht, und bekommen die Kraft, sich fürs Gute zu entscheiden.

Biofeedback beruht auf der Entwicklung dreier grundsätzlicher Fähigkeiten: Aufmerksamkeit, Absicht und Vorstellungskraft.

Aufmerksamkeit ist die Fähigkeit zu wissen, was wir tun. Unsere Aufmerksamkeit ist in dem Maß stabil und konzentriert, wie wir sie bei dem halten können, was wir tun.

Absicht ist die Fähigkeit, unsere Aufmerksamkeit und unser Handeln auf das Erreichen eines Ziels auszurichten.

Vorstellungskraft ist die Sprache, in der wir mit unserem Körper kommunizieren können. Absicht führt unserer Vorstellungskraft Energie zu, so daß aus dem, was wir uns vorstellen, Realität werden kann.

Disharmonie zwischen diesen Faktoren führt dazu, daß sich unsere unbewußten Ängste körperlich als Schwäche oder Krankheit oder als Anfälligkeit für Unfälle manifestieren. Lernen wir jedoch, Aufmerksamkeit, Absicht und Vorstellungskraft in Synergie zu bringen, dann werden wir unser Potential an Gesundheit und Leistungsfähigkeit voll verwirklichen.

Man hat mir die Frage gestellt, ob Biofeedback ›elektronisches Zen‹ sei. Nun, die Maschinen können nicht die Arbeit für uns tun, aber sie können uns helfen, schneller unterscheiden zu lernen, welche geistigen Zustände und Einstellungen unsere Gesundheit und Leistungsfähigkeit fördern und welche sie hindern. Als ich einmal Chagdud Rinpoche, einem hochgeachteten tibetischen Lama, ein thermales Biofeedback-Gerät vorführte, rief er aus: »Ah! Wenn ich versuche zu meditieren, dann geht es nicht. Wenn ich meditiere, dann geht es!«

Unabhängig davon, ob es sich um Entspannung, Konzentration, Meditation oder Biofeedback handelt, bringt uns eine Erhöhung der Anstrengung dem Ziel nicht unbedingt näher. Der Zustand, in dem wir am besten positiv auf unseren Körper einwirken können, wird als ›passives Wollen‹, ›Hingabe‹ oder ›Tun ohne Bemühen‹ beschrieben. Wir erreichen ihn am leichtesten, wenn wir uns ein deutliches Bild von der gewünschten Verfassung unseres Geistkörpers machen und dann einfach zulassen, daß sie sich einstellt. Wenn Sie mit Biofeedback arbeiten, wissen Sie genau, ob Sie auf der richtigen Spur sind, oder ob Sie sich zu sehr anstrengen.

Gegenwärtig befinden wir uns in einer Revolution der Gesundheitsfürsorge, und tausende von Menschen lernen, mit Hilfe von Meditation, Biofeedback und verwandten Methoden selbstregulierend auf ihren Gesundheitszustand Einfluß zu nehmen und sich von den Krankheiten der modernen Zeit zu heilen, seien es Bluthochdruck, Migräne, Durchblutungsstörungen, Beschwerden im Verdauungsapparat, chronische Verkrampfungen, Schmerzkrankheiten, chronische Angst, Sucht und sonstige streßbedingte Symptome. Je mehr die Kosten der Gesundheitsfürsorge steigen, desto mehr werden auch die Wertschätzung und die praktische Anwendung von Methoden, wie sie in diesem Buch dargestellt sind, zunehmen.

Die Möglichkeit, mit Hilfe von Biofeedback Hochleistungen zu erzielen, fasziniert Spitzensportler, darstellende Künstler und alle jene, die lernen wollen, ihre ineffektiven körperlichen und geistigen Muster zu überwinden. Geistiges Training durch Meditation, Visualisierung und Biofeedback findet auch bei Managern immer mehr Anklang.

Biofeedback wird mit Erfolg angewandt, um Schmerzen unter Kontrolle zu bekommen, Entspannung zu lernen, die neuromuskuläre Koordination zu verbessern, die Rekonvaleszenz nach einer Krankheit, einem Schlaganfall oder einer Verletzung zu beschleunigen. Auf einer fortgeschrittenen Stufe dient es auch dazu, die Schnelligkeit und Präzision der Sinneswahrnehmung zu verbessern, die Lernfähigkeit zu erhöhen und das Gehirn in einen ruhigen, klaren und kreativen Zustand zu bringen.

Die wichtigste Funktion des Biofeedbacks besteht darin, daß wir lernen, selbst Verantwortung für unseren Gesundheitszustand zu übernehmen. Wenn wir fähig werden, die subtilen

Botschaften zu verstehen, die uns der Körper ununterbrochen sendet, dann werden wir die Anzeichen für Streß und Spannung nicht solange ignorieren, bis daraus vielleicht lebensbedrohende Krankheiten geworden sind.

Immer mehr Menschen erkennen, wie wichtig es ist, Bewußtsein für den Körper zu entwickeln. Der Tag ist nicht mehr fern, an dem Biofeedback und andere Methoden der Selbstregulation als Pflichtfach in den Lehrplan der Schulen aufgenommen werden; dann wird eine neue Generation im Bewußtsein ihrer eigenen Kraft heranwachsen und selbstverantwortlich mit ihrer Gesundheit umgehen. Da der Streß in der modernen Welt immer noch zunimmt, werden auch die Erwachsenen immer mehr Interesse an Biofeedback gewinnen. Anstatt vor dem Fernseher könnten die Abende mit Biofeedbackspielen verbracht werden. Wir könnten dabei neue Formen des Wettkampfs und der Kooperation lernen, wo der gewinnt, der sich am meisten entspannen kann, oder das Ziel darin besteht, daß zwei Gegner ihren Herzschlag und ihre Gehirnwellen schnell synchronisieren.

In den nächsten zehn Jahren werden wir wahrscheinlich eine Revolution in der Erforschung des Bewußtseins und der Entwicklung entsprechender Technologie erleben. Der rasante Fortschritt in der Elektronik wird es ermöglichen, die subtilen Veränderungen elektromagnetischer Felder zu messen und die Wirkung des Geistes auf die Materie augenscheinlich zu demonstrieren. Obwohl der Geist ununterbrochen auf den körperlichen Zustand einwirkt, kannten vor der Entdeckung des Biofeedback und der Entwicklung medizinischer Meßgeräte nur Meditierende diesen Zusammenhang. Mit der Verfeinerung unserer Technologie und Aufmerksamkeit werden wir entdecken, was in den inneren Wissenschaften durch direkte Erfahrung schon immer bekannt war, daß nämlich die Materie – ob es sich nun um einen Körper oder eine Welt handelt – vom Geist durchdrungen ist und auf seine Impulse reagiert.

An renommierten Universitätsinstituten auf der ganzen Welt – in Amerika am *Engineering Anomalies Research Project* der *School of Engineering* an der Princeton University und an der Stanford University – wird das Potential des Bewußtseins zur Hervorbringung paranormaler Phänomene erforscht und dokumentiert, wie zum Beispiel die Steuerung eines Computers oder die Biegung eines Laserstrahls durch Gedankenkraft, die Materialisierung und Dematerialisierung von Objekten oder übersinnliche Wahrnehmungen. Selbst gewöhnliche Menschen ohne besondere Ausbildung scheinen latente geistige Fähigkeiten zu haben, die unsere liebgewordenen Vorstellungen von der Natur des Geistes und der Realität in Frage stellen. Damit haben sich in der wissenschaftlichen Forschung Dimensionen geöffnet, in die nur solche Forscher weiter eindringen werden, die in den äußeren und inneren Wissenschaften ausgebildet sind.

Über den Zusammenhang von außergewöhnlichen Ereignissen, der Natur des Geistes und Biofeedback hat Barbara Brown, eine Pionierin des Biofeedback, folgendes gesagt:

»Das Charakteristische und Ärgerliche an PSI-Phänomenen ist ihre Nicht-Vorhersagbarkeit, was die Skepsis vieler Wissenschaftler hervorruft. Die Wissenschaft weiß jedoch selbst über die normale Funktion des Geistes sehr wenig. Wenn wir so wenig über das Normale wissen, wie können wir dann beurteilen, ob das Paranormale paranormal oder normal ist? Die Wahrscheinlichkeit ist groß, daß auch übersinnliche Phänomene vorhersagbar sind. Wir haben einfach noch nicht die Aspekte gefunden, aufgrund derer auch solche Phänomene vorhersagbar werden. Wenn geistige Aktivität tatsächlich von den Gehirnzellen ausgeht, dann sollten logischerweise auch übersinnliche Phänomene von den Gehirnzellen Gebrauch machen. Wir nehmen das an, weil übersinnliche Aktivität mit einer Veränderung der Gehirnaktivität einhergeht; wäre es anders, so könnten übersinnliche Wahrnehmungen nicht mit menschlichen Mitteln integriert, gespeichert, erinnert und kommuniziert werden. Telepathische Information muß sich in den Gehirnzellen niederschlagen, wo sie sich zu einem ›Bild‹ zusammenfügt. Selbst wenn die übersinnliche Information auf übernatürliche Weise in das Gehirn eindringt, so muß sie doch im Gehirn in den normalen Bahnen verarbeitet werden, um wieder nach außen dringen zu können und kommunizierbar zu sein. Das heißt, daß die übersinnliche Erfahrung im Gehirn eine physiologische Spur hinterläßt. Und falls es diese Spur gibt, sollten wir sie finden können. Wenn es uns gelingt, mit Hilfe von Biofeedback übersinnliche Fähigkeiten beherrschbar und vorhersehbar zu machen, dann wird das eine höchst brisante Entdeckung sein.«

Durchbrüche in der Technologie werden zu einer neuen Forschungswelle im Feld des menschlichen Bewußtseins führen; bahnbrechend ist hier die Elektronik, die in der heutigen Welt sowohl zu einer Quelle der Kreativität wie der Destruktion geworden ist.

Durch die Erforschung von Kreativität, Gesundheit und Hochleistung haben wir ein klareres Bild davon gewonnen, was für einen Menschen möglich ist. Biofeedback ist eine wirksame und unterhaltsame Methode, wie wir latente Kräfte in uns wekken können, die uns neue Dimensionen der Gesundheit, Kreativität, Liebe, Leistungsfähigkeit und des Verständnisses zugänglich machen und uns die Kostbarkeit des Lebens erkennen lassen.

»Wenn Sie diese kostbaren Lehren in die Tat umsetzen, werden sich die Wolken des Leidens langsam zerstreuen. Dann wird die Sonne der Weisheit und der Freude am klaren Himmel Ihres Geistes aufgehen.«

KALU RINPOCHE

Anhang
Ergebnisse der Meditationsforschung

»Die Gesellschaft empfiehlt mit Nachdruck die wissenschaftliche Erforschung von Meditationstechniken hinsichtlich ihrer Nützlichkeit, Indika-
tion, Kontraindikation und Gefahren. In solchen Untersuchungen sollten
die verschiedenen Formen der Meditation sowohl miteinander verglichen
werden als auch mit psychotherapeutischen und psychopharmakologi-
schen Methoden.«

AMERICAN PSYCHIATRIC ASSOCIATION
(Erklärung zum Thema Meditation im Jahre 1977)

VERÄNDERUNGEN DER PHYSIOLOGIE	ANZAHL DER UNTERSUCHUNGEN		
	Ja	Nein	Gesamt
Herz–Kreislauf			
Verlangsamter Puls	21	10	31
Verbesserung der Durchblutung	8	–	8
Verminderter Blutdruck	21	6	27
Hirnrinde			
Zunahme der Alphatätigkeit	34	–	34
Thetaparoxysmen	21	–	21
Betaparoxysmen	10	–	10
Synchronisation der Hemisphären	25	–	25
Dehabituation	17	3	20
Spezifische Kontrolle der Hirnrindenfunktion	11	–	11
Blutchemie			
Absinken des Adrenalinspiegels	7	7	14
Zunahme der Aminosäure Phenylalanin	1	–	1
Anstieg des Prolaktinspiegels	1	–	1
Absinken des Wachstumshormonspiegels	1	–	1
Absinken des Milchsäurespiegels	10	2	12
Anstieg des Serotoninspiegels	1	–	1
Verminderung der weißen Blutkörperchen	1	–	1
Verminderung des Stoffwechsels der roten Blutkörperchen	2	–	2
Verminderung des Cholesterinspiegels	2	–	2
Stoffwechsel			
Verminderung des Sauerstoffverbrauchs	43	–	43
Muskelspannung			
Verminderung der Muskelspannung	15	–	15
Hautwiderstand			
Zunahme des Hautwiderstandes	24	9	33

Sonstige Veränderungen

Veränderung des Speichels	11	–	11
Positiver Einfluß auf Krebsbehandlung	14	–	14
Veränderte Körpertemperatur	1	–	1
Erleichterung von Schmerzen	12	–	12
Verbesserung der Körperkontrolle	17	–	17

VERÄNDERUNGEN DES VERHALTENS	ANZAHL DER UNTERSUCHUNGEN		
	Ja	Nein	Gesamt
Verbesserung von Sehen und Hören	27	–	27
Verbesserung der Reaktionszeit	8	3	11
Größere Unabhängigkeit von der Umgebung	8	1	9
Verbesserung der Konzentration	11	3	14
Erhöhung der Intelligenz	11	2	13
Verbesserung im Roschachtest	3	–	3
Mehr Einfühlungsvermögen	18	–	18
Erhöhung der Kreativität	7	5	12
Verstärkte Selbstverwirklichung	20	2	22
Erhöhte Beeinflußbarkeit durch Hypnose	4	3	7
Verminderung von Angst	17	13	30
Positiver Einfluß auf Psychotherapie	33	2	35
Verminderung von Tablettenabhängigkeit	12	5	17

Subjektive Berichte

Gleichmut	11	–	11
Innere Freiheit	6	–	6
Glücksempfindung	4	–	4
Energie	7	–	7
Verändertes Körpergefühl	8	–	8
Halluzinationen	10	–	10

Auszug aus *Contemporary Meditation Research: A Summary of the Field with a Bibliography of 926 Entries* – von Michael Murphy und Steven Donovan, The Esalen Transformation Project, San Francisco, California, 1985.

Danksagung

Viele Menschen haben durch ihr Interesse, ihre Begeisterung und ihre Arbeit dazu beigetragen, daß dieses Buch entstehen konnte. Die große Geduld und Präsenz meiner Frau Michelle, der Austausch unserer Träume und ihr unermüdliches Überarbeiten des Manuskripts waren für dieses Buch (und seinen Autor) eine unentbehrliche Stütze. Die Beiträge meiner Partner von Sports-Mind Inc. waren äußerst wertvoll: Jacque Nugent tippte das erste Manuskript; Paul Ackermann zeichnete Diagramme und machte das Foto vom Autor; Bud Cook, Chris Majer, Larry Burback und Horst Abraham testeten das Material in ihren Trainingsprogrammen. Das freundliche Angebot von Caroline Wareham, das Manuskript zu redigieren, führte zu einer durchstrukturierten Fassung, die von Mary O'Malley unter Mithilfe von Douglas Anderson abgetippt wurde. Durch Vermittlung von Pam Cowen und Steve Miller gelangte das Manuskript zu Nick Ribush von Wisdom Publications, wo das Manuskript von Lynn McDaid, Robins Courtin, Sarah Thresher und Susan Isaacs für den Druck fertiggestellt wurde.

Auf der inneren Ebene wurde dieses Buch durch die Weisheit, das Vorbild und tätige Mitgefühl meiner Lehrer inspiriert und in mannigfaltiger Weise unterstützt: Kyabje Zong Rinpoche, der ehrwürdige Kalu Rinpoche, Seine Heiligkeit Tenzin Gyatso der Dalai Lama, Lama Thubten Yeshe, Rina Sircar, Geshe Rabten und Chagdud Rinpoche. Durch ihr inspirierendes Beispiel, ihre Methoden des Lehrens und die sorgfältige Anleitung meiner eigenen spirituellen Praxis haben sie mich im Innersten berührt und meinen Geist für neue Dimensionen des Verstehens geöffnet.

Dieses Buch wurde auch durch seine Heiligkeit Karmapa inspiriert, durch Lama Govinda, Geshe Dhargye, Dezhung Rinpoche, Geshe Tsultrim Gyeltsen, Zasep Rinpoche, Bruder David Steindl-Rast, Soen Sa Nim, Geshe Sopa, Rabbi Shlomo Carlbach, Lama Thubten Zopa, Taungpulu Sayadaw, Luding Khen Rinpoche, Dagchen Rinpoche, Ganden Tri Rinpoche, Rabbi Zalman Shachter, Pir Vilayat Khan, Reshad Feild, Dhyani, Ywahoo, Genki Roshi, Sasaki Roshi, Derald Langham, Jose Arguelles, Gregory Bateson und viele andere, bei denen ich studiert habe.

Diese Lehrer stehen in der Tradition von Schulen, die ihre Lehren über Jahrtausende entwickelt und bewahrt haben. Sie machen heute die alte Weisheit der modernen Welt zugänglich. In den letzten Jahren sind viele dieser bedeutenden Lehrer gestorben. Wenn dieses Buch dazu beitragen kann, daß die Weisheit und selbstlose Hingabe, die sie verkörperten und lehrten, weiter praktiziert wird, dann habe ich mein Ziel erreicht.

Die Freundschaft und Lehrmethoden von Alan Wallace, Ram Dass, Stephen Levine, Zasep Rinpoche, Chokyi Nyima, Jonathan Landaw, Joseph Goldstein, Jack Kornfield, Bill Arnesen, Jack Schwartz, Robert Hover, Ruth Denison, Sogyal Rinpoche, Ole Nydahl, Paul Reps, Lester Femhi und Virginia Veach haben mich in meiner Lehrtätigkeit inspiriert und bereichert.

Danken möchte ich auch Elmer und Alyce Green, Richard Strozzi-Heckler, Norm Shealy, Jean Chapman, Art Gladman, Norma Estrada, Kent Peterson, Karen Malik und vielen anderen Freunden und Kollegen von der Council Grove Conference für ihre Ermutigung bei der Erarbeitung des Stoffes für dieses Buch. Anna Cox, Linda Dow, Shirley Begley, Robert Carlson und Alan Millar; den vielen Teilnehmern an unserer Dienstags-Meditationsgruppe; den Studenten, Patienten und Teilnehmern an Seminaren, deren Feedback äußerst wertvoll war, um die Anwendbarkeit dieser Methoden im täglichen Leben zu erkunden.

Ich möchte auch meinen allerersten Lehrern danken, meinen Großeltern Hilda und Abe Levey, deren Glaube, Humor und Freundlichkeit in mir die Wertschätzung für das, was ich tue, angelegt haben; und meiner Mutter, Recia Millar, durch deren Entschlossenheit zu leben ich zum ersten Mal erfahren habe, was die Kraft des Glaubens, des Gebets und der religiösen Hingabe vermag.

Durch die Weisheit und Freundlichkeit der Genannten und vieler Nichtgenannten gewann ich geistige Klarheit, fand ich Bestätigung für meine Einsichten und machte diese Methoden zur Entfaltung des menschlichen Potentials zu einem Teil meines Lebens. Mögen sie nun auch ein Teil Ihres Lebens werden.

Weiterführende Literatur

Entspannung

Benson, Herbert: The Relaxation Response. Collins, London, 1976
Benson, Herbert: Beyond the Relaxation Response. Time Books, New York, 1984
Fehmi, Lester und Fritz, George: Open Focus Handbook. Biofeedbackl, Compters, Princeton, 1982
Goleman, Daniel et al.: The Relaxed Body. Doubleday, New York, 1986
Tulku, Thartang: Selbstheilung durch Entspannung. Scherz, München, 1982

Konzentration

Gunaratana, Henepola: The Path of Serenity and Insight. South Asia Books, Columbia, Missouri, 1985
Hanh, Thich Nhat: A guide to Walking Meditation. Paralax, Berkeley, 1985
Johnston, Charles: The Yoga Sutras of Patanjali. Watkins, London, 1974
Lati Rinbochay, Denma Locho Rinbochay, Leah Zahler, Jeffrey Hopkins: Meditative States In Tibetan Buddhism. Wisdom Publication, London, 1983
Taimni, Iqbal K.: Die Wissenschaft des Yoga. Hirthammer, München, 1981
Vivekananda, Swami: Raja Yoga. Hermann Bauer, Freiburg, 1983

Meditation

Einführungen

Dalai Lama XIV: Das Auge der Weisheit. Scherz, München, 1975
Dalai Lama XIV: Kindness, Clarity and Insight. Hrsg. und Übers. Jeffrey Hopkins. Snow Lion, New York, 1985
Dalai Lama III: Essence of Refined Gold. Kommentar von Dalai Lama XIV. Snow Lion, New York, 1982
Dass, Ram: Journey of Awakening. Bantam, New York, 1978
Fernand, Anthony: Buddhism Made Plain: An Introduction for Christians and Jews. Orbis Books, Maryknoll, 1985
French, R. M. (Übers.): The Way of the Pilgrim. Seabury Press, New York, 1977
Goldstein, Joseph: The Experience of Insight. Shambala, Boston, 1983
Hanh, Thich Nhat: Miracle of Mindfulness. Paralax, Berkeley, 1984
Levine, Stephen: A Gradual Awakening. Doubleday, New York, 1978
Levine, Stephen: Who Dies? An Investigation of Conscious Living and Conscious Dying. Doubleday, New York, 1982
McDonald, Kathleen: Wege zur Meditation. Diamant, Jägerndorf, 1986
Mello, Anthony de: Meditieren mit Leib und Seele. Neue Wege der Gotteserfahrung. Butzon & Bercker, Kevelaer, 1986
Rabten, Geshe: The Graduated Path to Liberation. Mahayana Publications, Delhi, 1983
Rabten, Geshe und Dhargyey, Geshe: Advice From a Spiritual Friend. Wisdom Publications, London, 1986
Rozman, Deborah: Mit Kindern meditieren. Fischer, Frankfurt a. M., 1986
Schachter-Shalomi, Reb Zalman: The First Step, A Guide for the New Jewish Spirit. Bantam Books, New York, 1983

Sujata, Anagarika: Beginning to See, Anleitung zur Meditation. Mandala, Mühlheim, 1986

Suzuki, Shunryu: Zen Geist, Anfänger-Geist. Theseus, Zürich, 1983

Thubten, Yeshe: Silent Mind, Holy Mind. Wisdom Publications, London, 1978

Thubten, Yeshe: Introduction to Tantra. Wisdom Publications, London, 1987

Thubten, Yeshe und Thubten, Zopa: Diamantwasser, Sinn der Meditation. Zero, Rheinberg, 1982

Tulku, Thartang: Gesture of Balance. Dharma Publications, Berkeley, 1977

Trungpa, Chögyam: Spiritueller Materialismus. Aurum, Freiburg, 1975

Wangchen, Geshe: Awakening the Mind of Enlightenment. Wisdom Publications, London, 1987

Für Fortgeschrittene 1

Blofeld, John: Der Geist des Zen. Scherz, München, 1983

Chang, Garma C. C. (Übers.): The Hundred Thousand Songs of Milarepa, Bd. 1 und 2. Boulder, London, 1977

Ram, Dass und Levine, Stephen: Schrot für die Mühle. Sadhana, Berlin, 1979

Dalai Lama XIV: Das Auge einer neuen Achtsamkeit. Goldmann Esoterik, München, 1987

Eppsteiner, Fred und Maloney, Dennis (Hrsg.): The Path of Compassion, Contemporary Writings on Engaged Buddhism. White Pine Press, Buffalo, N. Y., 1985

Goleman, Daniel: Varieties of Meditative Experience. Dutton, New York, 1977

Kelsang, Gyatso Geshe: Meaningful to Behold. Tharpa, London, 1986

Kelsang, Gyatso Geshe: Heart of Wisdom. Tharpa, London, 1986

Healy, Kathleen: Entering the Cave of the Heart, Eastern Ways of Prayer for Western Christians. Paulist Press, New York, 1986

Hover, Robert Harry: How to Direct the Life Force to Dispel Mild Aches and Pains. La Mirada, Ca., 1979

Khan, Pir Vilayat: Der Ruf des Derwisch. Synthesis, Wessobrunn, 1982

Kalu Rinpoche: Diamantweg. Eine Einführung in die Lehren des Tibetischen Buddhismus nach den Worten von Kalu Rinpoche. Octopus, Wien, 1979

Kalu Rinpoche: The Dharma that Illuminates All Beings Impartially Like the Light of the Sun and the Moon. Suny, Albany, 1986

Kaplan, Aryeh: Jewish Meditation, A Practical Guide. Schoken, Cambridge, 1985

Kornfield, Jack: Living Buddhist Masters. Unity Press, Santa Cruz, 1977

Lao-tse: Tao te king, Das Buch vom Sinn und Leben. Diederichs, München, 1986

Lawrence, Brother: Practise of the Presence of God. Peter Pauper Press, Mount Vernon, 1967

Lingpa, Jigme und Tulku, Thondup (Übers.), Beresford, Brian (Hrsg.): The Dzogchen, Preliminary Practise of the Innermost Essence. Library of Tibetan Works and Archives, Dharamsala, Indien, 1982

Mello, Anthony de: Warum der Vogel singt. Herder, Freiburg, 1987

Merton, Thomas: Vom Sinn der Kontemplation. Die Arche, Zürich, 1981

Merton, Thomas: Im Einklang mit sich und der Welt. Diogenes, Zürich, 1986

Norbu, Namkhai: The Crystal and the Way of the Light, Sutra, Tantra and Dzogchen. Routledge & Kegan Paul, New York und London, 1986

Rabten, Geshe: The Essential Nectar. Wisdom Publications, London, 1984

Reps, Paul: Ohne Worte – ohne Schweigen, 101 Zen-Geschichten mit anderen Zen-Texten aus vier Jahrtausenden. Scherz, München, o. D.

Samuels, Mike und Nancy: Seeing with the Mind's Eye. Random House, New York und Berkeley, 1975
Shah, Idries: The Way of the Sufi. Dutton, New York, 1970
Shantideva und Batchelor, Stephen (Übers.): A Guide to the Bodhisattva's Way of Life. Library of Tibetan Works and Archives, Dharamsala, Indien, 1979
Trungpa, Chögyam: Das Buch vom meditativen Leben, Die Shambala Lehren vom Pfad des Kämpfers zur Selbstverwirklichung im täglichen Leben. Scherz, München, 1986
Tulku, Thartang: Der verborgene Geist der Freiheit. Sphinx, Basel, 1985
Tulku, Thartang: Raum, Zeit und Erkenntnis. Scherz, München, 1985

Für Fortgeschrittene 2

Chang, Garma C. C.: Six Yogas of Naropa and Teachings on Mahamudra. Snow Lion, New York, 1986
Chi, Chang chen (Übers.) und Muses, C. A.: Esoteric Teachings of the Tibetan Tantra. Samuel Weiser, Maine, 1982
Govinda, Lama Anagarika: Grundlagen tibetischer Mystik. Scherz, München, 1982
Govinda, Lama Anagarika: Die psychologische Haltung der frühbuddhistischen Philosophie. Octopus, Wien, 1980
Govinda, Lama Anagarika: Schöpferische Meditation und multidimensionales Bewußtsein. Aurum, Freiburg, 1982
Govinda, Lama Anagarika: Der Stupa, psycho-kosmisches Lebens- und Todessymbol. Aurum, Freiburg, 1978
Hopkins, Jeffrey: Meditation on Emptiness. Wisdom Publications, London, 1983
Lati, Rinbochay, Hopkins, Jeffrey: Stufen zur Unsterblichkeit, Tod, Zwischenzustand und Wiedergeburt im tibetischen Buddhismus. Diederichs, München, 1987
Merell-Wolff, Franklin: Philosophy of Consciousness Without an Object. Julian Press, New York, 1973
Norbu, Namkhai und Reynolds, John M.: The Cycle of Day and Night, A Basic Text on the Practise of Dzog Chen. Zhan Zhung Editions, Berkeley, 1984

Biographien

Allione, Tsültrim: Tibets weise Frauen. Dianus-Trikont, München, 1986
Bachhofer, Joss (Hrsg.): Verrückte Weisheit, Leben und Lehre Milarepas. Edition Shangrila, Haldenwang, 1986
Bennett, John G.: Eine lange Pilgerreise, Leben und Lehre des Shivapurio Baba. Bruno Martin, Südergellersen, 1985
Dowman, Keith: Masters of Mahamudra. Suny, Albany, 1985
Govinda, Lama Anagarika: Der Weg der weißen Wolken. Scherz, München, 1975
Kalu Rinpoche: The Chariot for Travelling the Path to Freedom, The Life Story of Kalu Rinpoche. Kagyu Dharma, San Francisco, 1985
Landaw, Jonathan und Brooke, Janet: Prinz Siddharta, Das Leben des Buddha. Diamant, Jägerndorf, 1984
Lhalungpa, Lobsang: The Life of Milarepa. Shambala, Boston, 1984
Merell-Wolff, Franklin: Pathways Through Space. Julian Press, New York, 1973
Robert, Bernadette: The Experience of No-Self. Shambala, Boston, 1984
Robert, Bernadette: The Path to No-Self, Life at the Center. Shambala, Boston, 1985

Wallace, B. Alan: Mönch in Tibet, Leben und Lehren des Meditationsmeisters Geshe Rabten. Papyrus, Hamburg, 1986
Yogananda, Paramahansa: Autobiographie eines Yogis. Scherz, München, 1979

Sport und japanischer Kampfsport

Abrahams, Horst: Skiing Right. Harper & Row, New York, 1984
Garfield, Charles: Erfolg aus Passion. Verlag moderne Industrie, Landsberg, 1987
Garfield, Charles und Bennett, Hal: Peak Performance, Mental Training Techniques of the World's Greates Athletes. Tarcher, Los Angeles, 1984
Strozzi-Heckler, Richard: Aikido and the New Warrior. North Atlantic Books, Berkeley, 1985
Millman, Dan: The Warrior Athlete, Body, Mind and Spirit. Stillpoint, Walpole, 1985
Murphy, Michael: Golf und Psyche, Der Weg zum intuitiven Golf. Wila, München, 1977
Murphy, Michael und White, Rhea: The Psychic Side of Sports. Addison-Wesely, London, 1978

Meditationsforschung, Psychotherapie und Biofeedback

Claxton, Guy (Hrsg.): Beyond Therapy. Wisdom Publications, London, 1986
Brown, Barbara: New Mind New Body, Biofeedback – New Directions for Mind. Harper & Row, New York, 1974
Green, Alyce and Elmer: Beyond Biofeedback. Delecorte, New York, 1977
Levey, Joel: Meditation as Self Regulation, Practical Applications and Intruiging Implications for Clinicians and Educators. SportsMind, Seattle, 1986
Murphy, Michael and Donovan, Steven: Contemporary Meditation Research, A Summary of the Field with a Bibliography of 962 Entrees. Esalen Foundation, San Francisco, 1985
Naranjo, Claudio und Ornstein, Robert: Psychologie der Meditation. Fischer, Frankfurt a. M., 1988
Peper, Erik et al.: Mind/Body Integration, Essential Readings in Biofeedback. Plenum, New York, 1979
Shapiro, Deanne H., Jr.: Meditation, Self Regulation Strategy and Altered State of Consciousness. Aldine, Chicago, 1980
Shapiro, Deanne H., Jr. und Walsh, Roger (Hrsg.): Meditation, Classic and Contemporary Perspectives. Aldine, Chicago, 1984
Shellenberger, Robert und Green, Judith: From Ghost in the Box to Successful Biofeedback Training. Health Psychology Publications, Greely, Co., 1986
Welwood, John: Awakening the Heart, East-West Approaches to Psychotherapy and Healing Relationships. Shambala, Boston, 1983
Wilber, Ken, Brown, Dan, Engler, Jack: Transformation of Consciousness, Conventional and Contemplative Developmental Approaches. Shambala, Boston, 1986
Wilber, Ken: Das Spektrum des Bewußtseins. Scherz, München, 1987